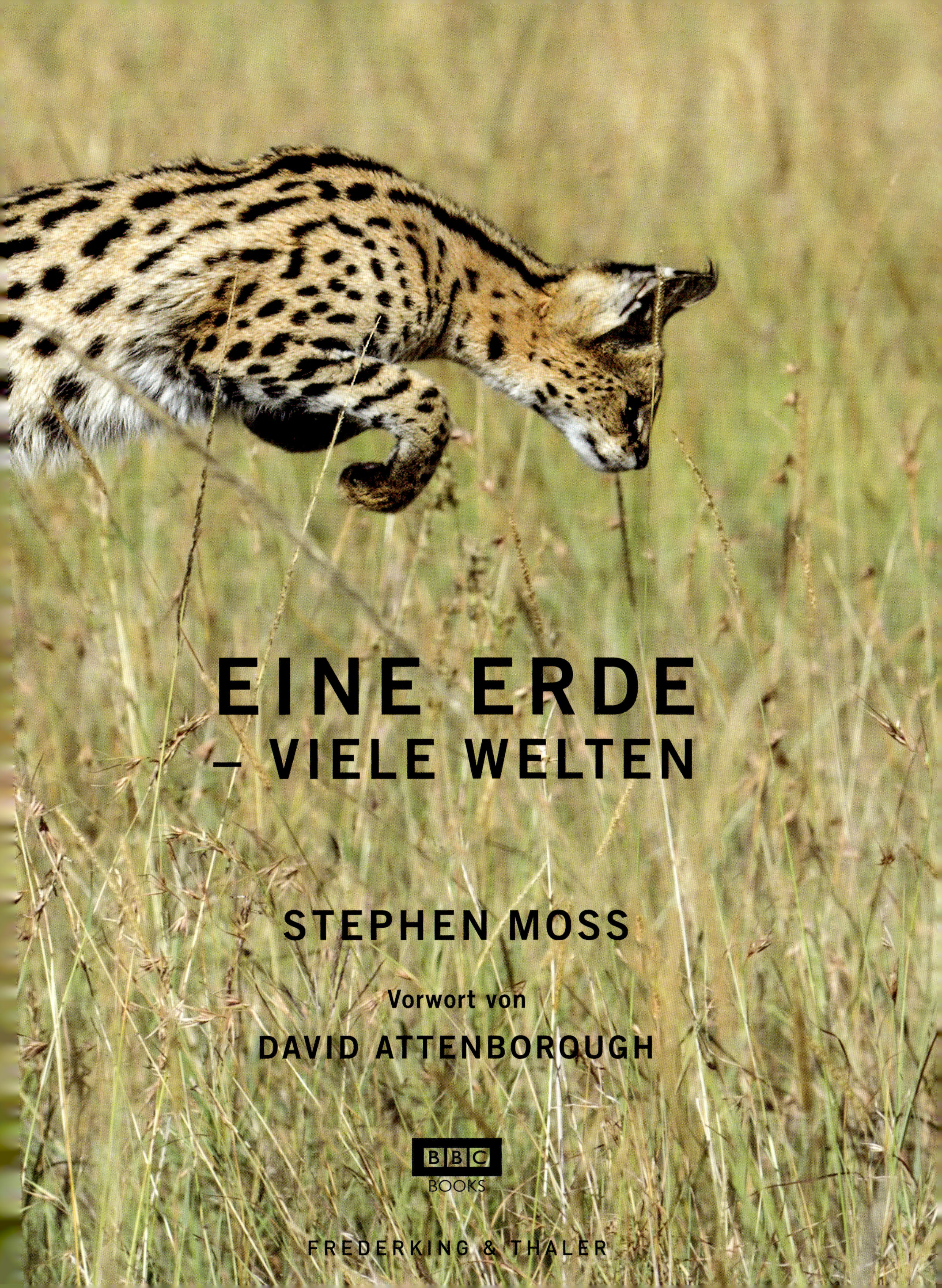

EINE ERDE – VIELE WELTEN

STEPHEN MOSS

Vorwort von

DAVID ATTENBOROUGH

BBC BOOKS

FREDERKING & THALER

INHALT

Vorwort

DAVID ATTENBOROUGH

Unser Bild des Planeten, auf dem wir leben, hat sich in den letzten Jahrzehnten tiefgreifend verändert. Noch vor 60 Jahren kannten wir von Tieren außerhalb unseres eigenen Lebensraums nur deren Abbildungen in Büchern. Im Kino sah man gelegentlich Tieraufnahmen, aber immer von bekannten Arten. Dort wurden vielleicht Löwen, Tiger und Elefanten gezeigt, aber niemals Erdferkel, Schuppentiere und Paradiesvögel.

Mit dem Fernsehen begann sich dies zwar langsam zu ändern, aber die damaligen TV-Kameras waren so groß wie Kühlschränke und mussten auf Rädern geschoben werden, ihr Strombedarf überstieg zudem die Kapazitäten jeder Batterie. Wenn das Fernsehen daher exotische Lebewesen außerhalb der Studios aufnehmen wollte, mussten Filmkameras genutzt werden. Filmkameras waren zwar theoretisch tragbar, aber enorm unhandlich, und sie verbrauchten darüber hinaus gewaltige Mengen an 35-mm-Film. Sie waren ganz sicher nichts, was man bei dem Versuch, sich an ein scheues, schnelles Tier heranzuschleichen, mit sich herumschleppen wollte.

Mitte der 1950er-Jahre begannen sich die Bedingungen allmählich zu verbessern. Kameraleute fingen an, für das Fernsehen mit 16-mm-Schmalfilmkameras zu arbeiten, die bis dahin nur von Amateuren genutzt wurden.

Ein Blick auf die Erde aus luftiger Höhe. Aus einem Heißluftballon über den Schweizer Alpen blickt David Attenborough auf die Gebirgslandschaft, wobei Kommentare zu *Planet Earth II/Eine Erde – viele Welten* aufgenommen werden. Modernste Technik ermöglicht es, Ton und hochauflösendes Bild zu synchronisieren, obwohl von einem anderen Ballon aus gefilmt wird.

Für uns, die wir versuchten, naturkundliche Filme zu drehen, war es eine herrliche Zeit. Selbst in Afrika, wo es so viele bekannte Tiere gab, konnten wir leicht auch solche finden, die für die meisten Zuschauer neu waren: Gerenuks und Stachelschweine, Nashornvögel und Webervögel, Chamäleons und Schildkröten. Wenn wir andere Kontinente bereisten, gab es alle möglichen Überraschungen: Wombats und Narwale, Kolibris und Panzerschweine, Rundschwanzseekühe und Faultiere. Schon bald tauchten die unterschiedlichsten exotischen Lebewesen in den Flimmerkisten auf. Bei praktisch jeder großen Serie konnten wir versprechen, Tiere zu zeigen, die noch nie zuvor gefilmt worden waren.

Auch die elektronischen Kameras veränderten sich; sie wurden kleiner, waren besser zu handhaben und zuverlässiger. Mitte der 1980er-Jahre funktionierten sie mit Batterien, die so klein und langlebig waren, dass man sie in den entlegensten Dschungel, auf die höchsten Berge und in die einsamste Wildnis mitnehmen konnte. Manche Kameraleute, die noch mit Filmkameras arbeiteten, lehnten diese neuen Geräte allerdings ab. Sie meinten, wenn irgendwo am Ende der Welt etwas an ihrer Ausrüstung kaputtginge, hätten sie die Möglichkeit, es mit einem Schraubenzieher zu beheben; das könne man bei den neumodischen elektronischen Geräten vergessen.

Die elektronischen Kameras hatten jedoch riesige Vorteile. Anstatt eine teure Filmrolle nach der anderen zu belichten, die durch Feuchtigkeit oder Kratzer beschädigt werden konnten, noch bevor sie entwickelt waren, ließ sich alles auf winzigen Karten speichern. Man konnte verschwenderisch filmen, da die Speicherkarten preiswert waren und man sie außerdem auch wieder löschen konnte. Anstatt manchmal Monate darauf warten zu müssen, bis der Film von der Entwicklungsanstalt zurückkam, konnte man nun die Szenen sofort anschauen, um zu sehen, ob tatsächlich das Gewünschte eingefangen war.

Diese Vorteile waren bereits ausreichend, um die meisten von uns zu einem Wechsel zu bewegen, und innerhalb von zehn Jahren hatten so gut wie alle Naturfilmer die neue Technik übernommen. Erst allmählich ging uns auf, dass wir auch darüber hinaus in ein neues Zeitalter eingetreten waren. Man konnte nämlich jetzt elektronische Bilder weit entfernt von der Kamera, die sie aufnahm, zeitgleich auf Bildschirmen betrachten. Die Bilder einer unauffälligen, kleinen Minikamera, die neben einem Vogelnest platziert war, konnten wir ganz entspannt in einem Zelt in zwei Kilometern Entfernung beobachten und überwachen. Wir mussten nicht mehr mit dem Finger am Auslöser dasitzen, bereit ihn zu drücken, am besten intuitiv unmittelbar, bevor ein Tier etwas Interessantes machte. Jetzt konnten wir eine Einrichtung benutzen, die permanent Sequenzen aufzeichnete und durch einfachen Knopfdruck jeweils die letzte Sequenz vor diesem Knopfdruck abspeicherte. Wir konnten sogar eine unbeaufsichtigte Kamera so einstellen, dass sie durch die Bewegung eines Tieres eingeschaltet und bei längerer

▲ **Spektakel in der Wildnis.** Eine Herde Alaska-Karibus *(Rangifer tarandus granti)* durchquert auf ihrem Weg von den Gegenden, in denen die Kälber zur Welt gekommen sind, zu den Bergen das Naturschutzgebiet Arctic National Wildlife Refuge in Alaska. Dies ist eine der letzten ungestörten großen Tierwanderungen; sie wurde für unsere Serie gefilmt. Die Gebiete, in denen Kälber geboren werden, sind von geplanten Ölfördermaßnahmen bedroht.

Abwesenheit des Tieres wieder ausgeschaltet wurde. Wir nannten diese Vorrichtungen »Kamerafallen«, auch wenn sie außer Bildern nichts einfingen. All das wäre mit Filmkameras nicht möglich gewesen.

Für alle Naturfilmer war dies eine Befreiung. Die meisten Zuschauer registrierten die Veränderung jedoch kaum. Sie stellten nur fest, dass es Jahr für Jahr Bilder von immer entlegeneren Orten gab, die Ereignisse, Tiere und Verhaltensweisen zeigten, über die bisher nichts bekannt gewesen war. Es folgten denkwürdige Serien – *Planet Erde*, *Unser blauer Planet*, *Eisige Welten*, außerdem *Africa* und *Die Jagd* – jede mit neuen Wundern und Enthüllungen.

Und nun kommt *Planet Earth II* (in Koproduktion mit dem ZDF und dem deutschen Titel *Eine Erde – viele Welten,* Anm. d. Red.). Ich erinnere mich, wie ich vor 20 Jahren bei der Planung einer neuen Serie eine Sequenz über Schneeleoparden *(Panthera uncia)* bringen wollte. Bisher hatte noch niemand dieses wundervolle und noch immer recht geheimnisvolle Tier in freier Wildbahn gefilmt. Wir stellten detaillierte Nachforschungen an, aber je mehr wir herausfanden, desto unwahrscheinlicher erschien es uns, diese Tiere je filmen zu können. Wir kamen zu dem Schluss, die Seltenheit des Tieres und die Größe seines Lebensraums im Himalaja mache das Projekt undurchführbar, und so gaben wir auf.

Vor zehn Jahren war das Team, das die erste Staffel von *Planet Erde* produzierte, mutiger. Zwei höchst erfahrene naturkundliche Kameramänner stellten sich der Herausforderung, über die in diesem Buch berichtet wird. Mehr als zwei Jahre lang arbeiteten sie geduldig. Schließlich hielt einer von ihnen die denkwürdige Szene fest, in der ein Schneeleopard einen

Himalaja-Tahr jagt und schließlich schnappt. Doch dieser schüttelt seinen Angreifer mit erstaunlicher Kraft ab und entkommt, indem er in einen Fluss springt. Es waren Szenen, von denen wir dachten, dass sie nicht zu überbieten seien. Nun hat es die neue Technologie jedoch erlaubt, für *Planet Earth II* noch einen Schritt weiter zu gehen. Die Produzenten versuchten, das soziale Leben dieser einzelgängerischsten aller Großkatzen zu filmen. Hierzu stellten sie 20 Kamerafallen auf. Die Ergebnisse waren nicht nur für die Fernsehzuschauer mitreißend, sondern enthüllten auch Aspekte des Verhaltens der Schneeleoparden, die selbst für Wissenschaftler neu waren, die diese herrlichen Tiere seit Jahren erforschten. Das ist nur eine der Überraschungen in der neuen Staffel.

Ist all das wichtig? Haben uns diese technischen Erfindungen und die menschlichen Bestrebungen mehr als Fernsehserien beschert, die wunderbar anzuschauen sind und unvergessliche Bilder liefern? Ich glaube ja. Seit der ersten dieser Serien hat sich die menschliche Bevölkerung auf diesem Planeten verdreifacht. Folglich ist der Raum für die Lebewesen, mit denen wir die Erde teilen, zunehmend begrenzter geworden. Serien wie *Planet Earth II* kann es gelingen, unser Verständnis für unsere natürliche Umwelt zu verbessern, indem sie aufzeigen, wie sie funktioniert und was sie braucht, um überleben zu können.

Für uns gibt es nämlich nichts Wichtigeres als ihr Überleben. Wir sind von der Natur abhängig, sie gibt uns unsere Nahrungsmittel und die Luft, die wir atmen. Ihre Gesundheit ist unsere Gesundheit. Ihr Überleben entscheidet über unser Überleben.

▲ **Dramatische Begegnung.** Ein Schneeleopardenweibchen *(Panthera uncia)*, das zu einem »Star« der Serie wurde (rechts), versucht, ein Männchen zu verjagen, das seinem halbwüchsigen Jungen gefährlich werden könnte. Dieses mütterliche Verhalten wurde noch nie zuvor beobachtet, geschweige denn gefilmt.

1

DSCHUNGEL

REGENWÄLDER SIND die Lebensräume mit der größten Biodiversität auf unserem Planeten. Von den rund 8,7 Millionen Pflanzen- und Tierarten auf der Erde leben über die Hälfte in tropischen Regenwäldern. Auf 25 Hektar des Amazonas-Regenwaldes wachsen alleine mehr als 1000 verschiedene Baumarten – auf den gesamten Britischen Inseln sind es weniger als 100. Regenwälder sind zudem die Lunge unseres Planeten, sie verwandeln Kohlendioxid in Sauerstoff, der für nahezu jegliches Leben unverzichtbar ist.

Die Amazonas-Region ist die Heimat von gut zwei Millionen Insektenarten, rund 40 000 verschiedenen Pflanzenarten, über 400 Säugetier- und 1300 Vogelarten – das sind mehr Vogelarten, als es in ganz Nordamerika und Europa zusammengenommen gibt.

Regenwälder wie dieser waren die ursprüngliche Heimat vieler unserer heutigen Alltagslebensmittel, von Obst und Gemüse bis hin zu Gewürzen und Nüssen. Außerdem entdecken Wissenschaftler noch immer neue Drogen in Regenwaldpflanzen. Bei der Fülle an Essbarem und der Größe und Vielfalt dieses Lebensraums überrascht es kaum, dass sich hier schneller und häufiger als irgendwo sonst viele Spezies entwickelt haben. Die weitläufigen Baumlabyrinthe sind nicht nur eine »Wiege des Lebens«, sondern auch ein »Museum des Lebens«. Hier leben noch immer Spezies, deren weiterentwickelte Nachkommen längst auch andere Habitate besiedelt haben. In Regenwäldern lebte der ursprüngliche Primat, aus dem sich schließlich der Mensch entwickelt hat, der sich in die Grasebenen Afrikas hinauswagte. Aber dieses Paradies hat auch eine Schattenseite. Die Tatsache, dass alles Nötige vorhanden ist, bedeutet nicht automatisch ein einfaches Leben. Die Vielzahl an Arten macht Regenwälder auch zu den Lebensräumen, in denen der größte Konkurrenzkampf herrscht. Es kann bereits eine Herausforderung bedeuten, einen Platz für sich zu finden – der dann ebenso viele Gefahren wie Möglichkeiten bereithält. Um an diesem Ort der Fülle zu überleben und zu gedeihen, muss jede Kreatur im Dschungel ihre Nische finden und sich dieser anpassen.

(vorherige Seite) **Ein Morgen im Dschungel.** Über dem Regenwald im Danum-Tal im Bundestaat Sabah in Malaysia geht die Sonne auf und beleuchtet die Heimat einer gewaltigen Vielfalt von Pflanzen und Tieren, einschließlich Orang-Utans *(Pongo)*.

◄ **Froschversammlung.** Kleine Rotaugenfrösche aus der Gattung *Agalychnis* paaren sich neben einem Regenwaldteich in La Selva in Costa Rica. Eine derartige Massenpaarung wird normalerweise durch einen gewaltigen Regenguss am Ende der Trockenperiode ausgelöst.

Fünfgliedrige Luftakrobaten

Von oben wirkt das Baumkronendach wie eine gleichförmige grüne Decke, aber der Schein trügt. Regenwälder sind ein Mosaik aus vielen verschiedenen Baumarten. Einige haben schmackhafte Blätter und Früchte, die von anderen sind ungenießbar oder sogar giftig. Die Bäume einer Art stehen auch nicht unbedingt in Gruppen zusammen – einzelne Bäume ein und derselben Spezies können kilometerweit voneinander entfernt wachsen. Wer also auf eine besondere Baumart als Futter angewiesen ist, muss wissen, wie und wo er sie findet. Genau das beherrschen Klammeraffen der Gattung *Ateles*, indem sie ihren Lebensraum wie eine Landkarte im Kopf haben.

Klammeraffen leben in den Baumkronen der Tropenwälder Süd- und Mittelamerikas, von Brasilien im Süden bis Mexiko im Norden. Sie sind leicht und wendig und ernähren sich hauptsächlich von energiereichen reifen Früchten, die sie dank ihrer nach vorne gerichteten Augen und ihres ausgezeichneten Farbsehens finden. Sie haben neben starken Gliedmaßen einen außergewöhnlich greiffähigen Schwanz, der als fünfte Gliedmaße genutzt werden kann, sodass sie sich auf der Suche nach Früchten mit routinierter Leichtigkeit in den oberen Baumregionen fortbewegen können. Als gesellige Kreaturen leben sie in Herden von 30 oder mehr Tieren, auch wenn sie sich für die Futtersuche häufig in kleinere Gruppen aufteilen.

Erwachsene Klammeraffen sind ausgezeichnete Kletterer und Futtersucher. Genau wie andere junge Säugetiere lernen ihre Jungtiere, indem sie ihre Umgebung erkunden und durch Ausprobieren die besten Plätze entdecken, wo sie Futter finden und es ergattern können, was manchmal der schwierigste Teil der Aufgabe ist.

In der komplexen dreidimensionalen Welt hoch über dem Erdboden kann jeder Fehler fatal sein. Ein Jungtier, das seiner Mutter und den anderen Tieren der Gruppe folgt, entdeckt bald, dass nicht alle Bäume gleich sind: Einige sind glatt und rutschig, andere zu weit entfernt, um hinüberzuspringen. Solange wenigstens zwei seiner fünf »Gliedmaßen«, einschließlich des erstaunlichen Schwanzes, Kontakt mit dem Baum haben, ist alles gut. Wenn das Jungtier einmal ausrutscht, was mit zunehmendem Selbstvertrauen nicht ausbleiben wird, hat es zum Glück eine Art Sicherheitsvorrichtung, die ihm das Leben retten kann. Wenn ein Klammeraffe zu fallen droht, windet sich sein Schwanz automatisch um den Ast, an dem er hängt. Obwohl das Junge also mitten in der Luft hängt, ist es sicher und kann von einem Elternteil gerettet werden. Greiffähige Schwänze scheinen sich unabhängig voneinander bei unterschiedlichen in der Höhe lebenden Neuweltaffen entwickelt zu haben, sie sind bei den Klammeraffen jedoch am weitesten entwickelt und werden sowohl bei der Fortbewegung als auch bei der Futtersuche genutzt – insbesondere, wenn sie an eine Frucht herankommen wollen, die am Ende eines langen, dünnen Astes wächst.

▶ **Rumhängen.** Ein Weibchen der Schwarzhand-Klammeraffen *(Ateles geoffroyi)* hängt im Regenwald Costa Ricas an einem Ast und nutzt seinen greiffähigen Schwanz als fünfte Gliedmaße, während das Junge sich mit seinem Schwanz an seiner Mutter festhält. Klammeraffen fressen hauptsächlich im oberen Teil der Baumkronen und schwingen sich auf der Suche nach reifen Früchten von einem Ast zum nächsten. Lange Glieder und ein langer Schwanz sind für das Leben in den Baumwipfeln von enormem Vorteil.

▲ **Leuchtende Warnung.** Ein männlicher Flugdrache der Gattung *Draco* bewacht sein Revier auf einem Regenwaldbaum in Malaysia und klappt seinen Kehlsack aus, um eine andere Echse zu warnen. Dieser Halslappen wird auch dazu genutzt, um Paarungsbereitschaft zu signalisieren.

◄ **Gleittechnik.** Ein männlicher Flugdrache breitet seine Rippen wie Schirmstreben aus, wodurch die Haut dazwischen so weit ausgespannt wird, dass er im Gleitflug einen anderen Ort erreichen kann; dabei nutzt er seinen langen Schwanz als Ruder. Auch seine seitlichen Halssäcke helfen beim kontrollierten Gleitflug.

Die fliegende Eidechse

Die Wege des Waldes zu meistern ist noch schwieriger, wenn man klein ist. Für einen Flugdrachen der Gattung *Draco* im Dschungel Südostasiens kann es gefährlich sein, auf dem Boden zu laufen, aber auch das Leben in den Bäumen stellt die kleine Echse vor Herausforderungen. Eine Lücke, die ein Affe mit einem einfacher Sprung bewältigt, ist für die Echse ein gähnender Abgrund. Sie hat außerdem stets wenig Zeit. Wie viele kleine Tiere hat sie einen raschen Stoffwechsel und braucht eine ständige Energiezufuhr in Form von Ameisen oder Termiten.

So wurde sie ein Experte darin, Ameisenstraßen zu finden, die von den Ameisen mit Duftstoffen markiert werden, wenn sie von ihren Nestern aus auf Nahrungssuche gehen. An einer solchen Straße muss die Echse lediglich auf die Insekten warten – vorausgesetzt, es hat nicht schon ein Artgenosse auf dem Baum Stellung bezogen, der sein Revier verteidigt. Ist der Rivale größer, klappt er zur Warnung seinen Kehlsack aus. Das kleinere Reptil muss weichen, ohne dafür jedoch klettern zu müssen. Es breitet seine extra langen, mit Haut bespannten Rippen aus, stürzt sich vom Ast und gleitet, mit seinem langen Schwanz steuernd, einfach auf einen Nachbarbaum, wo es wieder mit der Futtersuche beginnt.

»Blumenvögel«

Wenn es darum geht, sich fliegend im Leben zu behaupten, hat eine Gruppe tropischer Vögel den Schnabel vorn: Kolibris gehören zu den am höchsten spezialisierten und erfolgreichsten aller Vogelfamilien. Es gibt in Nord- und Südamerika weit über 300 Arten. Sie reichen von den kleinsten Vögeln der Welt, der Bienenelfe *(Mellisuga helenae)* auf Kuba, bis zu den Riesenkolibris *(Patagona gigas)* in Drosselgröße im Westen Südamerikas. Eines aber ist allen gemeinsam: Sie haben sich so entwickelt, dass sie ein breites Angebot an Nektarquellen nutzen können. Ihr Schlüssel zum Nektar sind dabei ihre ausgezeichneten Flugkünste.

Kolibris sind ein gutes Beispiel dafür, wie die komplexen Bedingungen im Regenwald unterschiedlichen Spezies einer Familie Lebensraum bieten, indem sich jede für eine geringfügig unterschiedliche Nische spezialisiert hat beziehungsweise die üppigen Nahrungsquellen auf unterschiedliche Weise nutzt. Bei Kolibris, die mit ihrem extrem energieintensiven Lebensstil regelmäßig Futter benötigen, saugen zum Beispiel verschiedene Arten den Nektar in unterschiedlicher Höhe, zu jeweils anderen Tageszeiten oder von unterschiedlichen Blumen. Bei einigen unterscheidet sich sogar die Schnabellänge zwischen den Geschlechtern so deutlich, dass Männchen und Weibchen unterschiedliche Futterquellen im selben Lebensraum nutzen können. Für ihre Größe sind Kolibris übrigens recht streitlustig und kämpfen schon einmal miteinander um den Zugriff auf die Blumen mit dem meisten Nektar.

Wenn viele Arten um dasselbe Futter wetteifern, lohnt es sich für eine Art, anders zu sein. Das zeigt der Schwertschnabelkolibri *(Ensifera ensifera)* auf herausragende Weise, der etwa 2500 bis 3000 Meter über dem Meeresspiegel in den feuchten Bergwäldern der Anden anzutreffen ist. Wie sein Name vermuten lässt, hat dieser Kolibri einen sehr langen Schnabel. Mit neun bis elf Zentimetern ist der Schnabel sogar länger als sein Körper, ein Verhältnis, das man bei keiner anderen Vogelart der Welt findet. Er holt sich seinen Nektar aus enorm tiefen Blüten, so von einer besonderen Art der Passionsblume, deren Nektar für Kolibris mit kürzerem Schnabel unerreichbar ist. So findet der Schwertschnabelkolibri seine Nische und vermeidet den Konkurrenzkampf, und die Blumen haben in ihm einen zuverlässigen Bestäuber.

▶ **Tausche Nektar gegen Pollen.** Eine weibliche Vulkanelfe *(Selasphorus flammula)* saugt Nektar aus einer Nebelwald-Orchidee der Gattung *Elleanthus* und sammelt dabei Pollen auf ihrem Schnabel. Sie stattet regelmäßig denselben Blumen Besuche ab und sucht, wenn sie Junge aufzieht, an einem Tag mehrere Hundert davon auf.

◄ **Kampf um die Blüte.** Rotbauchkolibris *(Boissonneaua matthewsii)* kämpfen um den Zugriff auf Blumen im Bergwald Ecuadors. Der männliche Kolibri, der sich an die Blume klammert, ist wahrscheinlich der Reviervogel, der seine Nektarquelle verteidigt, deren Einzelblüten die ideale Länge für seinen relativ kurzen Schnabel haben.

► **Longdrink.** Ein Schwertschnabelkolibri *(Ensifera ensifera)* saugt Nektar aus einer Passionsblume im ecuadorianischen Nebelwald. Sein circa zehn Zentimeter langer Schnabel ist an die extrem langen Kronblätter der Blume angepasst, was die Kolibriart zum einzigen bedeutsamen Bestäuber dieser Andenblume macht. Die Vögel besuchen diese Pflanzen auf regelmäßigen Runden, bei denen sie prüfen, welche Blüten zum Nektarsammeln bereit sind.

Sein unglaublich langer Schnabel stellt den Schwertschnabelkolibri aber auch vor Probleme. In Zeiten, in denen der Nektar knapp ist, fressen Kolibris winzige Insekten, die auch lebenswichtiges Eiweiß als Futter für ihre Jungvögel sind. Für einen Schwertschnabelkolibri ist es aber naturgemäß schwierig, mit diesem riesigen Körperteil ein fliegendes Insekt zu schnappen. Dieses Problem bewältigt er, indem er wie ein Mauersegler im Flug seinen Schnabel weit öffnet und damit seine Chancen maximiert. Ein anderes Problem stellt die Gefiederpflege dar, für die der riesige Schnabel denkbar ungeeignet ist. Deshalb verwendet der Kolibri dafür seine Füße.

Stinkvögel und verzauberte Delfine

Wie der Name nahelegt, ist regelmäßiger und starker Regen ein Kernmerkmal von Regenwäldern. Er spendet Leben, kann aber für die dort lebenden Kreaturen sowohl unmittelbar als auch langfristig zum Problem werden. Wenn es zu regnen anfängt – an einigen Orten täglich zur selben Zeit –, suchen viele Lebewesen Schutz. Kleinere, wie Insekten und Singvögel, verstecken sich in Löchern und Spalten von Baumstämmen, die größeren versuchen, die Zeit des Regens unter einem mehr oder weniger zuverlässigen Schutz auszusitzen. Orang-Utans verwenden sogar große Blätter als provisorische Schirme.

Regelmäßiger starker Regen führt zur Entstehung spezieller Habitate. Ein solches liegt am riesigen Rio Araguaia in Zentralbrasilien, wo der Wald während eines beträchtlichen Teils des Jahres überschwemmt ist. Dieser jahreszeitlich überflutete Regenwald ist als Várzea bekannt und

▲ **Der tägliche Wolkenbruch.** Im tropischen Regenwald Australiens geht der übliche nachmittägliche Regenguss nieder. Mit reichlich Süßwasser und viel Sonnenlicht das ganze Jahr über bieten die tropischen Regenwälder, die heute noch knapp sechs Prozent der Landfläche bedecken, perfekte Wachstumsbedingungen. Sie sind die Heimat von mehr als der Hälfte aller bekannter Pflanzen und Tiere der Welt.

► **Überfluteter Wald.** Sonnenlicht fällt durch die Baumkronen des überfluteten Waldes an den Ufern des Amazonas im Norden Brasiliens. Hier leben viele spezialisierte Tiere, etwa Flussdelfine der Gattung *Inia*.

◀ **Zurück ins Nest.** Ein Hoatzinjunges *(Opisthocomus hoazin)* klettert in den Ästen in der Nähe seines Nestes. Dabei nutzt es sowohl seine »Hand«- als auch seine Fußkrallen. Das Nest liegt über dem Fluss, und das Junge kann sich absichtlich ins Wasser fallen lassen, um einem Räuber zu entgehen. Ist die Gefahr vorüber, nutzt es die Krallen an Flügeln und Füßen, um ins Nest zurückzuklettern. Der Hoatzin ist der einzige heute lebende Vogel, dessen Junge über Krallen an den Flügeln verfügen, welche die Tiere bis zum Erreichen des Erwachsenenalters jedoch verlieren.

▶ **Mutters wachsames Auge.** Ein Hoatzinweibchen wacht über seine Jungen. Unterstützt wird es dabei von einem Helferteam aus Jungvögeln vom Vorjahr, die noch nicht geschlechtsreif sind, was ein in der Vogelwelt seltenes Beispiel für kooperatives Brüten darstellt.

kommt im gesamten Amazonasbecken vor. In der Regenzeit steigt der Wasserspiegel manchmal sogar um 10 bis 15 Meter. Hier heimische Lebewesen haben sich an diese Wasserwelt angepasst. Dazu gehört ein sehr eigenartiger Vogel, der Hoatzin *(Opisthocomus hoazin)*, den man auch in anderen tropischen Sumpfgebieten im Norden Südamerikas findet. Diese Art ist so speziell, dass sie nicht nur ihre eigene Familie, sondern auch ihre eigene Ordnung hat: *Opisthocomiformes*. Die Bezeichnung bedeutet »das Haar hinten lang tragen« und bezieht sich auf den abstehenden Federkamm des Vogels. Durch den seine Verdauung begleitenden Gärvorgang strömt der Vogel obendrein einen starken Geruch aus und ist deshalb auch als »Stinkvogel« bekannt.

Der Hoatzin hat die Größe eines Fasans und besitzt hervortretende rote Augen, die ihn immer überrascht aussehen lassen. Was ihn jedoch einzigartig macht, ist die Tatsache, dass seine Jungvögel Krallen an ihren Flügeln haben, was an Urzeitvögel wie den *Archaeopteryx* erinnert, der vor Millionen Jahren zur Zeit der Dinosaurier lebte. Wird ein junger Hoatzin durch einen Eindringling bedroht, springt er aus dem Nest ins Wasser und schwimmt – wenn nötig sogar unter Wasser –, wobei er seine Füße und Flügel nutzt. Ist die Gefahr vorüber, nutzt er auch die Krallen an seinen Flügeln, um ins Nest zurückzuklettern.

Ein erwachsener Hoatzin verliert diese Krallen und kann auch nicht mehr schwimmen. Er kann noch nicht einmal besonders gut fliegen, weil für die Verdauung seiner Blätterkost ein riesiger Darm nötig ist, der gefüllt 25 Prozent des gesamten Körpergewichts ausmacht. Um dafür Platz zu schaffen, ist das Brustbein viel kleiner und leichter als bei einem Vogel dieser Größe üblich. Das heißt, der Hoatzin kann – unter beträchtlicher Anstrengung – nur recht kurze Strecken mehr schlecht als recht fliegend zurückzulegen. Ein sonderlich guter Läufer ist er aber auch nicht. Da er die meiste Zeit mit der Verdauung der gefressenen Blätter verbringt, ist er einer der unbeweglichsten Vögel überhaupt.

Die größten Lebewesen im überfluteten Wald sind drei Arten von Flussdelfinen: der Amazonasdelfin oder Boto *(Inia geoffrensis)* in den Flusssystemen von Amazonas und Orinoko, der Bolivianische Flussdelfin *(Inia geoffrensis boliviensis)* im oberen Becken des Rio Madeira, des größten Nebenflusses des Amazonas, der durch gewaltige Wasserfälle von Letzterem getrennt wird, und der Araguaia-Delfin *(Inia araguaiaensis)* – eine so seltene und schwer fassbare Spezies, dass sie erst im Jahr 2014 wissenschaftlich beschrieben wurde. Der Araguaia-Delfin wurde bei der Herausbildung der südamerikanischen Stromsysteme isoliert, als vor etwa zwei Millionen Jahren das Becken von Rio Araguaia und Rio Tocantins in Brasilien durch Wasserfälle und Stromschnellen vom Rest des Amazonas getrennt wurde, und bildet heute zwei Populationen. Die drei südamerikanischen Arten sind die größten Flussdelfine der Welt und erreichen eine Länge von bis zu zweieinhalb Metern und ein Gewicht von über 200 Kilogramm. Ihre Körper sind beweglicher, und ihre Haut ist weicher als bei den Meeresdelfinen, wodurch sie zwar langsamer schwimmen, aber deutlich wendiger sind, ein entscheidender Vorteil bei der Jagd in den labyrinthischen Flusssystemen. Sie können mit einer Brustflosse vorwärts und mit der anderen rückwärts paddeln, um im überschwemmten Wald fast auf der Stelle zu wenden. Die Delfine haben lange, mit scharfen Zähnen versehene Schnauzen. Die vorderen Zähne dienen zum Packen, die hinteren zum Zerkleinern der Beute, zu der Welse und Krebse gehören.

Delfine leben eng mit den Menschen am Fluss zusammen. Das kann auch unangenehme Folgen haben, wenn Delfine mit Booten kollidieren und verletzt werden oder sich in Fischernetzen verfangen und ertrinken. Botos werden sogar gelegentlich gefangen und als Fischköder benutzt. Die Flussdelfine gelten bei den Urwaldvölkern aber auch als *encantados* – verzauberte Lebewesen, die sich in Menschen und wieder zurückverwandeln können.

▶ **Walddelfin.** Ein Amazonas-Delfin oder Boto *(Inia geoffrensis)* schwimmt im trüben, von Tannin gefärbten Wasser des Rio Negro in Brasilien durch den überfluteten Wald. Sein Gesichtssinn ist nicht sehr ausgeprägt, da er zum Navigieren und Jagen im Gewirr der Baumwurzeln die Echoortung nutzt.

Die größte Überraschung im Dschungel

Die Farbe des erst vor Kurzem wissenschaftlich beschriebenen Araguaia-Delfins changiert wie bei seinen nahen Verwandten zwischen Silbergrau und Blassrosa. Er hat einen gewölbten Kopf und winzige Augen, beim Jagen im trüben Flusswasser kann ihm der Gesichtssinn ohnehin kaum von Nutzen sein. Die körperlichen Hauptunterschiede zum Amazonasdelfin liegen in seinem etwas breiteren Schädel und einer geringeren Anzahl von Zähnen. Die Gesamtpopulation in dem durch Dämme gegliederten Flusssystem beträgt wahrscheinlich weniger als 1000 Tiere. Über sein Verhalten ist sehr wenig bekannt; beim Filmen dieser scheuen Lebewesen beobachtete das BBC-Team jedoch, dass diese Delfine in Schulen zusammenkommen und sogar in der Gruppe jagen.

1 Blaslöcher im Wald. Im überfluteten Wald am Rio Araguaia tauchen die gewölbten Köpfe zweier Araguaia-Delfine *(Inia araguaiaensis)* auf – man sieht nur ihre Blas- beziehungsweise Atemlöcher –, während sie durch das seichte Gewässer schwimmen.

2 Ansicht vom Boot aus. Man sieht die kleine Rückenflosse und die gewölbte Stirn – die sogenannte Melone – eines Flussdelfins von der Seite. Die Melone ist Teil des Echoortungssystems zum Jagen und Kommunizieren im trüben Wasser.

3 Ansicht aus der Luft. Eine Gruppe von Flussdelfinen auf Nahrungssuche, wahrscheinlich jagen sie im Team. Aufgrund der trüben Gewässer sind Luftaufnahmen die einzige Möglichkeit, um zu erkennen, wie viele Delfine gemeinsam jagen oder miteinander kommunizieren.

4 Luft schnappen. Ein Araguaia-Delfin *(Inia araguaiaensis)* holt kurz Luft, bevor er wieder abtaucht.

Die Jäger der Jäger

Das reichhaltige Ökosystem des Flusses und die Artenvielfalt im brasilianischen Amazonien haben zur Folge, dass es dort auch viele Raubtiere gibt. Unglaublich bunte Eisvögel und eine große Vielfalt an Reihern jagen nach Fisch, während Kaimane *(Caimaninae)*, Riesenotter *(Pteronura brasiliensis)* und Raubfische, wie der Dourado *(Salminus brasiliensis)*, in den trüben Gewässern ihre Beute suchen. Alle jedoch weichen sie dem ultimativen Jäger aus, dem Jaguar *(Panthera onca)*. Die furchterregende Raubkatze durchstreift auf Beutesuche regelmäßig die Uferbereiche.

Der Jaguar ist ein ausgezeichneter Schwimmer und, wie die meisten Großkatzen, ein Opportunist, der die unterschiedlichsten Tiere jagt, von Süßwasserschildkröten und Gürteltieren *(Dasypoda)* bis hin zu Capybaras *(Hydrochoerus hydrochaeris)*. Dabei geht er mit List vor. Manchmal liegt er in einem Hinterhalt und überfällt ein Tier, das zum Trinken kommt. Ein anderes Mal pirscht er sich an seine Beute heran und tötet sie mit einem Biss in die Kehle oder in den Nacken. Das kleinere Jaguarweibchen jagt normalerweise kleinere Beutetiere. Das Weibchen versteckt sich zwischen den Bäumen am Ufer, gut getarnt durch sein geflecktes Fell. Seine Geduld und Vorsicht sind oftmals vergebens, wenn es von einem Jungen begleitet wird, das seine Tarnung auffliegen lässt. Gelingt es dem Jungen jedoch ebenfalls, sich still zu verhalten, kann die Mutter ein Capybara oder sogar einen kleinen Kaiman durch einen Sprung inas Wasser packen und töten, wobei sie ihrem Jungen gleichzeitig eine Lektion im Jagen erteilt.

Im Amazonas-Regenwald gibt es so viel Futter, dass dort sogar Jäger von der Spitze der Nahrungskette, wie der Jaguar, in relativ hoher Dichte leben können. Allerdings gibt es vor allem zwischen großen Männchen auch einen Konkurrenzkampf. Ein solches Jaguarmännchen kann bis zu 120 Kilogramm wiegen, aber nur die stärksten, erfahrensten und kühnsten werden versuchen, einen noch größeren Räuber zu erlegen, den Kaiman. Um sich selbst so wenig wie möglich der Gefahr auszusetzen, packt der Jaguar mit seinem enorm starken Gebiss den Kaiman am einzigen – relativen – Schwachpunkt, den die gepanzerte Echse hat, der Schädelrückseite. Er hält so lange fest, bis das sich windende Tier schließlich aufgibt und er den Biss lösen kann. Jaguare, die Kaimane jagen, tragen oft Wunden davon, aber die Belohnung ist großartig – das Reptil ist ein üppiger Festschmaus.

◄ **Den Fluss im Blick.** Ein Jaguarweibchen *(Panthera onca)* jagt an einem Flussufer in Brasilien. Jaguare nutzen häufig die Flussufer, um Capybaras *(Hydrochoerus hydrochaeris)*, sehr großen Nagetieren, und anderen Beutetieren am und im Wasser nachzustellen.

► (nächste Seite) **Im Schlaf überrumpelt.** Ein Jaguar zieht in Brasilien einen Brillenkaiman *(Caiman yacare)* ans Ufer. In den überfluteten Wäldern, in denen es nur wenige große Säugetiere gibt, bilden diese nicht übermäßig großen Panzerechsen einen kleinen, aber wichtigen Teil der Beute für Jaguare.

Versteckt in aller Offenheit

Wer klein ist, wird gerne von den vielen größeren Lebewesen gefressen, kann sich aber auch leichter verstecken. Die verschiedenen Arten von Blattschwanzgeckos der Gattung *Uroplatus* – die es nur auf der Insel Madagaskar gibt – sind echte Tropenwaldspezialisten. Ihren Namen erhielten sie wegen ihres breiten flachen Schwanzes, der wirklich wie ein Blatt aussieht. Dessen Erscheinung hilft ihnen ebenso wie ihre Haut, die wie Baumrinde oder wie trockenes Laub aussehen kann, dabei, sich im Dschungel zu verbergen. Tagsüber liegen die Echsen regungslos in der Sonne und sind nahezu nicht zu erkennen. Sie warten die Nacht ab, um ihrer eigenen Beute nachzustellen – Insekten und anderen Wirbellosen.

Es gibt auch eine Gruppe von Amphibien, die wie der Blattschwanzgecko unbemerkt bleiben, obgleich sie völlig offen dasitzen. Wie die Geckos verschmelzen auch die Glasfrösche *(Centrolenidae)* mit der Pflanze, auf der sie sitzen. Ihnen gelingt dies jedoch, weil sie zumindest teilweise transparent sind. In den tropischen und Äquatorialregionen von Mittel- und Südamerika findet man über 120 verschiedene Arten von Glasfröschen. Einige sind winzig – kaum größer als ein menschlicher Daumennagel –, und obwohl sie generell lindgrün sind, ist die Haut am Bauch vieler Arten durchscheinend,

▲ **Wie dürres Laub.** Ein Gespenst-Blattschwanzgecko *(Uroplatus phantasticus)* verlässt sich tagsüber auf seine bemerkenswerte Tarnung. Diese winzige Echse, die es nur auf Madagaskar gibt, kann sich auf Blättern fortbewegen, weil wie bei allen Geckos die Unterseite ihrer gewölbten Zehen von Hunderten mikroskopisch kleiner Härchen bedeckt ist, wodurch sie am Untergrund haften.

▶ **Wie Flechten auf der Rinde.** Ein madagassischer Blattschwanzgecko der Gattung *Uroplatus* ist selbst im Tageslicht kaum erkennbar, wenn er kopfüber ruhig auf einem Baumstamm sitzt und seine Tarnung nutzt, die aussieht wie die Flechten und das Moos auf der Rinde.

sodass einige innere Organe zu erkennen sind. Sie leben hauptsächlich im Laub von Bäumen in der Nähe von Bächen und Flüssen. An ihren Zehen haben sie Haftscheiben, mit denen sie sich auf Blättern halten können.

Glasfrösche, und zwar nur die Männchen, betreiben eine Art von Brutpflege. Zuerst sucht ein Männchen den idealen Ort für eine Kinderstube: ein glattes, von der Sonne abgewandtes Blatt, das vor den Elementen geschützt ist. Es sollte sich außerhalb des Blickfelds von Vögeln und über einem fließenden Gewässer befinden, in das sich die winzigen Kaulquappen nach dem Schlüpfen fallen lassen können. Dort wartet das Glasfroschmännchen

▲ **Kinderstube auf einem Blatt.** Auf der Unterseite eines Blattes im ecuadorianischen Regenwald bewacht ein winziges Glasfrosch-Männchen der Art *Hyalinobatrachium aureoguttatum* zwei Gelege von verschiedenen Weibchen. Nach einiger Zeit werden sich die Kaulquappen aus der gallertartigen Masse herauswinden und in das darunter fließende Gewässer fallen lassen.

und quakt in der Nacht, um ein Weibchen auf sein Blatt zu locken und andere Männchen abzuwehren, die ihm den Platz streitig machen wollen. Das Weibchen legt nur die Eier auf dem Blatt ab und verschwindet wieder. Das Männchen kümmert sich um sie, bis sie schlüpfen, was je nach Art bis zu drei Wochen dauern kann. Größere Räuber, etwa Schlangen, kann es nicht abwehren, aber es vertreibt Raubinsekten, wie Wespen, und hindert Schmarotzerfliegen daran, ihre Eier auf dem Froschlaich abzulegen – die schlüpfenden Maden würden sonst die Froschembryos auffressen.

Der Ninja-Wächter und die Jagdwespe

Die Eier der Glasfrösche werden auf der Unterseite von Blättern abgelegt und sind kaum zu sehen, genau wie der Frosch, der sie bewacht. Wespen können sie jedoch lokalisieren und versuchen, Froscheier und Kaulquappen zu erbeuten. Wenn die sich entwickelnden Kaulquappen die Vibrationen einer Wespe spüren, die versucht, in das Gallert einzudringen, schlüpfen sie vorzeitig und lassen sich nach unten ins Wasser fallen. Jüngere Gelege sind jedoch verwundbarer, daher bezieht das Froschmännchen daneben Stellung. Da es auch selbst zur Beute werden kann, hält es sich flach und reglos, sodass es beinahe selbst wie ein Gelege aussieht. Landet jedoch eine Wespe in der Nähe, kämpft der Frosch wie ein Ninja-Krieger und verpasst der Wespe so lange Tritte, bis die sich eine leichtere Beute sucht.

1 Der Vater auf seinem Blatt. Ein Glasfroschmännchen der Art *Hyalinobatrachium valerioi* sitzt im Regenwald von Costa Rica auf seinem Blatt. Auf der Blattunterseite entwickeln sich die Gelege zweier Weibchen. Die Kinderstube befindet sich direkt über einem Bach, in den sich die geschlüpften Kaulquappen schließlich fallen lassen werden.

2 Räuberalarm. Ein Froschmännchen beobachtet, wie eine Wespe die Brut angreift. Würde es hinüberspringen, um die Wespe zu verjagen, liefe es Gefahr, von tagaktiven Räubern entdeckt zu werden.

3 Kaulquappenraub. Eine Wespe dringt in das klebrige Gallert ein, aber auch wenn es ihr vielleicht gelingt, eine Kaulquappe zu fressen, winden sich die anderen bereits aus dem Gallert, um vorzeitig zu schlüpfen und sich in den unten vorbeifließenden Bach zu retten.

4 Kickboxen. Ein Froschmännchen tritt eine Wespe in die Flucht. Seltsamerweise hat die Wespe versucht, auf dem Frosch zu landen. Eine Theorie lautet, das Muster des Froschs verwandle ihn in einen Lockvogel und ziehe die Wespe an, die ihn für einen Eierhaufen hält. Der Frosch kann ihr dann einen Tritt verpassen.

▲ **Lauernde Spinne.** Eine Jagdspinne wartet neben einem leuchtenden Pilz auf Beutetiere, die von dem Leuchten angezogen werden.

◀ (oben) **Nächtliches Glühen.** Ein Leuchtkäfer landet auf einem glühenden Pilz, von dem er nachts mit der Aussicht auf eine Paarung angelockt wurde. Der Käfer kann sich zwar selbst dort nicht fortpflanzen, hilft aber dem Pilz dabei, da er von den Pilzsporen bedeckt wird, die er zum nächsten Pilzköder weiterträgt, dem er einen Besuch abstattet.

◀ (unten) **Leuchtköder.** Ein verwirrter Leuchtkäfer krabbelt über die Lamellen des am stärksten leuchtenden Pilzes der Welt und lässt seine beiden Lichter blinken, um mit dem vermeintlichen Weibchen zu kommunizieren. Weibliche Leuchtkäfer sitzen nämlich still und leuchten beständig, um Männchen anzulocken.

Das lockende Leuchten

Die Randgebiete des Dschungels sind voller Leben, in seinem Zentrum kann er jedoch so dicht und dunkel sein, dass die Organismen spezielle Eigenschaften entwickeln müssen, um hier gedeihen zu können. Einige Pilze machen sich die Dunkelheit sogar zunutze. Während weniger Wochen im Jahr recken diese Pilze ihre Sporen produzierenden Fruchtkörper in die Luft, die in der Dunkelheit wie Signalfeuer leuchten. Diese ziehen Insekten an, insbesondere Leuchtkäfer, die am Thorax zwei an Stirnleuchten erinnernde Punkte haben. Diese halten den Pilz aus der Entfernung für die Lichter eines potenziellen Partners und landen auf ihm. Sobald sie ihren Irrtum bemerken, fliegen die Käfer zwar wieder davon, sind jedoch jetzt von Sporen bedeckt, die sie nun verbreiten.

Die Pilze selbst sind aber nicht die einzigen Organismen, die ihren Vorteil aus der Anziehungskraft dieses gespenstischen Lichts ziehen. Eine Spinnenart hat offenbar gelernt, sich in der Nähe der Pilze aufzuhalten und darauf zu warten, dass leichtgläubige Käfer dort landen. Kommt ein Käfer dabei der Spinne zu nahe, schlägt diese zu und kommt zu einer leicht erbeuteten Mahlzeit.

Wie der Überfluss die Schönheit beflügelt

Selbst in den dichtesten Regenwäldern fallen gelegentlich Bäume um und schaffen so kleine Lichtungen, an denen die Sonnestrahlen bis zum Waldboden vordringen können. In Papua-Neuguinea sucht sich eine der skurrilsten und buntesten Vogelarten der Welt genau diese Stellen aus, um sich zu präsentieren.

Der Blauköpfige Paradiesvogel *(Cicinnurus respublica)* hat zwar nur die Größe einer Singdrossel, macht durch Energie jedoch wett, was ihm an Größe fehlt. Bevor er seine Vorstellung beginnt, säubert er die Bühne von allem Störenden und streift dabei sogar die Blätter von dem Bäumchen ab, an dem er sich später produzieren wird. In der Morgendämmerung fängt er an zu rufen, um Weibchen anzulocken. Nachdem er eine Reihe durchdringender Geräusche von sich gegeben hat, einschließlich Schnalzlauten und Pfiffen, erreicht sein Gesang mit einem Laut wie ein Peitschenknall den Höhepunkt.

Seine rituelle Balzvorstellung beginnt, wenn bei Sonnenaufgang die kleine vorbereitete Bühne durch das Loch im Blätterdach angestrahlt wird. Kommt ein Weibchen, setzt er sich unten an das kahle Bäumchen und nimmt zuerst eine starre Haltung ein. Dann fängt er an zu tanzen, beugt sich vor und zurück und zeigt die erstaunlich kräftigen Farben seines ungefiederten Schädeldachs (Blassblau), seines oberen Halses (Gelb) und

► **Farbenprächtige Brautwerbung.** Ein männlicher Blauköpfiger Paradiesvogel *(Cicinnurus respublica)* macht sich in der typischen starren Haltung am Stamm eines Bäumchens bereit, für das Weibchen über ihm eine Vorstellung zu geben. Die von ihm gewählte Waldbodenbühne ist gut ausgeleuchtet, und das Weibchen, das von oben auf ihn herabschaut, sieht die ganze Pracht seiner Farben, seine grün glänzenden Brustfedern und sogar das gelb glänzende Innere seines Schnabels, wenn er seine Balzrufe ausstößt.

▼ **Bühne frei.** Vor seinem Auftritt bereitet ein männlicher Blauköpfiger Paradiesvogel die Bühne vor. Hierzu entfernt er alle Blätter in der Umgebung des Bäumchens, an dem er sich produzieren wird.

Rückens (Orange). Da er am Boden bleibt und das farblosere Weibchen von oben auf ihn herabschaut, trägt das von oben einfallende Licht dazu bei, ihn besonders schön zur Geltung zu bringen. Er beendet die Vorstellung, indem er seine kräftigen Farben aufleuchten lässt, während er seine drahtartigen Schwanzfedern krümmt.

Inzwischen balzt bei Tagesanbruch oben im Blätterdach eine weitere Art. Ein Roter Paradiesvogel *(Paradisaea rubra)* – prächtig in seinem grünen, gelben und kastanienroten Federkleid mit seitlichen roten Federn und langen, fadenartigen Schwanzfedern – produziert sich vor einigen Weibchen, die von seinem lauten, nasal klingenden Ruf angelockt wurden. Aber er ist nicht alleine: Bis zu zehn Männchen können sich in den höchsten Baumwipfeln versammeln, um am frühen Morgen und am Spätnachmittag ihren Tanz aufzuführen, den sie auf von Blättern befreiten Zweigen aufführen. Anschließend treffen die Weibchen unter den Darstellern ihre Wahl. Beide, der Blauköpfige Paradiesvogel und der Rote Paradiesvogel, leben auf derselben winzigen Insel vor der Westküste von Papua-Neuguinea. Beide Arten sind eng miteinander verwandt und verhalten sich dennoch völlig unterschiedlich. Der eine wetteifert direkt mit seinen männlichen Kollegen oben im Blätterdach um die Gunst der Weibchen, der andere zieht eine Solovorstellung auf einer Bühne am Waldboden vor, wo er seine Fähigkeiten und seine Schönheit unter Beweis stellt.

Die Paradiesvögel können so viel Zeit und Mühe für kunstvolle und komplizierte Balzvorstellungen aufwenden, weil es in diesen Regenwäldern das ganze Jahr über ein reichliches Futterangebot gibt. Daher müssen sie ihre wertvolle Zeit und Energie nicht mit der ständigen Suche nach Essbarem verbringen wie Vögel in kargeren Lebensräumen, wie Wüsten oder Gebirgen. Die Paradiesvogelweibchen wirken verglichen mit den Männchen schmucklos, sind aber aufgrund der von ihnen vorgenommenen sexuellen Selektion der Antrieb für die Perfektion des Gefieders und die Zurschaustellung der Männchen – sie treffen die Wahl. Während die Männchen an einem Ort bleiben, um ihre Vorstellung zu geben, durchstreifen die Weibchen den Wald auf der Suche nach den besten Männchen, wobei sie wissen, dass es überall genügend Futter gibt.

Nach der Paarung haben die Männchen mit dem Ausbrüten der Eier oder dem Aufziehen der Jungen nichts zu tun. Das überreiche Futterangebot in diesem üppigen, komplexen Ökosystem ermöglicht es den Weibchen auch, ihre Jungen ohne einen Partner aufzuziehen.

► **Baumwipfel-Vorstellung.** Ein männlicher Roter Paradiesvogel *(Paradisaea rubra)* präsentiert sich einem Weibchen, das von seiner Vorführung beeindruckt zu sein scheint. Er hat sich kopfüber gedreht und breitet sein Gefieder aus, dabei umrahmen seine Schwanzfedern die Flügel in Herzform. Wenn sie ihm noch weiter zuschaut, wird er auf dem Ast zu tanzen beginnen und dabei Körper und Schwanz von einer Seite zur anderen drehen. Sollte die Show ihr nicht zusagen, wird sie einfach wegfliegen.

Ferne Verwandte

Das reichliche Futterangebot über das ganze Jahr erleichtert das Leben in Regenwäldern in mancherlei Hinsicht. Die außergewöhnliche Vielfalt an Tierarten erzeugt jedoch einen Wettbewerbsdruck, der die Tiere unter anderem dazu veranlasst, weitere Spezialisierungen zu entwickeln, die einmalige und damit konkurrenzlose Lebensweisen ermöglichen. Auf der Insel Madagaskar haben Millionen Jahre der Isolation von anderen Landmassen einen hohen Grad Konkurrenz ausschließender Spezialisierung unter den dortigen Primaten, den Lemuren, entstehen lassen. Die Lemuren, die sich bis zur Ankunft des Menschen den Wald mit nur wenigen anderen Säugetierarten teilten, entwickelten sich zu über 40 verschiedenen Spezies (siehe Seite 184), von Maus- bis Gorillagröße, die unterschiedliche Nahrungsressourcen nutzten und an unterschiedlichen Plätzen lebten. Heute ist der größte noch lebende Lemur der eindrucksvolle Indri *(Indri indri)*.

Indris leben in Familien mit einem Männchen, einem Weibchen und deren Nachwuchs unterschiedlichen Alters. Von allen Lemuren verbringen sie die meiste Zeit auf Bäumen, wo sie sich kletternd und springend zwischen Stämmen und Ästen bewegen. Im Gegensatz zu anderen großen Lemuren haben sie aber nur einen Stummelschwanz. Um ihre Anwesenheit kundzutun und andere Indri-Gruppen zu warnen, nutzen sie laute Rufe, die weit durch den Wald schallen. Indris benötigen große Waldreviere, sie fressen vorzugsweise junge zarte Blätter und verbringen 40 Prozent ihrer aktiven Zeit mit dem Fressen und den Großteil der restlichen Zeit mit dem Verdauen. Sie tolerieren in ihren Revieren andere Lemurenarten, sofern diese keine Futterkonkurrenz darstellen. Daher leben im selben Wald im Osten Madagaskars viele unterschiedliche Lemuren zusammen.

Die örtliche madagassische Bevölkerung betrachtet die Indris als Verwandte und erzählt, die Menschen hätten in der Vergangenheit den Wald verlassen, um große Städte zu bauen, während die Indris beschlossen, im Wald zurückzubleiben. Der afrikanische Dschungel war tatsächlich die Urheimat aller Primaten und damit auch unsere. Die Primaten, aus denen unsere Spezies hervorging, entwickelten sich an diesem komplexen, stark bevölkerten Ort weiter und schafften es, wie andere erfolgreiche Waldbewohner auch, unter den Millionen dort lebenden Arten ihren speziellen Platz zu finden. Obwohl die Vorfahren unserer Spezies sich bereits vor vielen Millionen Jahren in die weiten Grasebenen Afrikas aufmachten, sind uns die Findigkeit, das Vorstellungsvermögen, die Gewandtheit und die Familienbindungen geblieben, die alle Waldprimaten besitzen.

◀ **Indri, ein ferner Verwandter.** Ein Indri *(Indri indri)* frisst Triebe und Blätter im Blätterdach auf Madagaskar. Indris sind die größte lebende Lemurenart und haben unter den Lemuren die meiste Ähnlichkeit mit höheren Primaten, zu denen auch der Mensch gehört.

2
GEBIRGE

DIE KOMBINATION AUS EXTREMEN Witterungsbedingungen, zerklüftetem Terrain, steilen Hängen und einem Mangel an Futter und Wasser konfrontiert Pflanzen und Tiere mit einigen der härtesten physischen Herausforderungen auf diesem Planeten. Die Tiere jedoch, denen das Überleben an so feindlichen Orten gelingt, genießen auch Vorteile – nicht zuletzt die geringe Konkurrenz durch Rivalen, die Bewohnern von Orten mit größerer Biodiversität, wie dem Dschungel oder Graslandschaften, das Leben so schwer machen können.

Unter ökologischem Gesichtspunkt ist das Hauptmerkmal des Gebirges die kontinuierliche und deutliche Veränderung von Klima und Vegetation mit zunehmender Höhe. Häufig hört man, dass das Besteigen des Kilimandscharos, der mit etwa 5900 Metern höchsten Erhebung Afrikas, dem Durchleben aller vier Jahreszeiten innerhalb von nur vier Tagen gleiche. Dies bezieht sich nicht nur auf die dramatischen und oft plötzlichen Änderungen der Witterung, sondern auch auf die außerordentliche Verschiedenartigkeit der Lebensräume, vom dichten äquatorialen Wald am Fuß des Berges über offenes Heideland an den unteren Hängen zu trockenen, wüstenähnlichen Bedingungen an den oberen Hängen und Schnee und Eisfeldern in der Gipfelregion.

Berge sorgen darüber hinaus auch für ökologische Isolation. Der Begriff »Sky Island«, Himmelsinsel, wurde ursprünglich in den 1940er-Jahren für die hohen Gipfel im Südosten Arizonas im Westen der USA geprägt. Hier waren viele kleine Gruppen von Pflanzen und Tieren auf einem Berg durch die sie umgebende Wüste im Tiefland von anderen Exemplaren ihrer Art isoliert. Einige entwickelten sich daher zu unterschiedlichen Spezies weiter, die nur auf ihrem besonderen Heimatberg vorkommen. Andere werden als »Relikt-Spezies« kategorisiert, Überbleibsel aus einer Zeit, als das Klima überall deutlich kälter war und ihr Verbreitungsgebiet einen viel größeren Bereich abdeckte. Wissenschaftler haben festgestellt, dass höhere Gebirge ökologisch gesehen Ozeaninseln gleichen, die vom Meer umgeben sind.

(vorherige Seite) **Steigflug in den Anden.** Chileflamingos *(Phoenicopterus chilensis)* überqueren die von Gletschern bedeckten Gipfel des Nationalparks Torres del Paine in Chile. Sie sind eine von drei Flamingoarten, die sich auf der Hochebene der südamerikanischen Zentralanden an das Leben in Höhen bis zu 4500 Metern über dem Meeresspiegel angepasst haben.

◄ **Himmelsinseln.** Der Mount Kenya ist ein erloschener Vulkan und der höchste Berg Kenias. Er umfasst verschiedene Lebensräume: Bergwald, alpines Heideland und Polstervegetation, einschließlich dieser langsam wachsenden Schopfbäume *(Dendrosenecio kilimanjari)* unweit des eisigen Gipfels.

Wetter und Klima sind im Gebirge besonders extrem. Mit zunehmender Höhe wird die Luft kälter, der Wind stärker, und die Wettersysteme sind häufig unvorhersehbar. Alle diese Faktoren wirken zusammen und machen das Leben im Gebirge zu einer Herausforderung, besonders für Lebewesen, die ganzjährig im Gebirge bleiben.

Beim Gedanken an Gebirgstiere haben wir oft ein Bild von geheimnisvollen Einzelgängern vor Augen, wie dem Schneeleoparden *(Panthera uncia)*, der Asiens gewaltige Himalajaketten durchstreift, oder dem Puma *(Puma concolor)* der südamerikanischen Anden. Aber selbst diese Einzelgänger sind oft unerwartet gesellig. Einige Gebirgstiere leben sogar in großen sozialen Gruppen, in denen sie sich gemeinsam den Problemen dieser unwirtlichen Umgebung stellen können. Dazu gehören viele Bergziegenarten, die mit Leichtigkeit an steilen Hängen klettern können. Aber in den höchsten Höhen gibt es auch einige wirklich überraschende Kolonien, wie zum Beispiel Schwärme von Flamingos *(Phoenicoparrus jamesi, Phoenicoparrus andinus* und *Phoenicopterus chilensis)* an einigen Seen der Hochanden.

Die Herren der Gebirgslüfte

Die größte Herausforderung für jedes Lebewesen in Hochgebirgsregionen ist es, Futter zu finden, das in diesen vergleichsweise kargen Gegenden meistens rar ist. Ein großer Raubvogel, wie der Steinadler *(Aquila chrysaetos)*, muss seine Futtersuche daher auf ein weitläufiges Gebiet ausdehnen. Steinadler findet man in der gesamten Holarktis – in weiten Teilen Nordamerikas bis nach Alaska im Westen und von den Schottischen Highlands bis nach Japan im Osten; im Süden der Alten Welt reicht ihr Verbreitungsgebiet bis ins Atlasgebirge in Nordafrika. In vielen dieser Gebirgsregionen stehen Steinadler an der Spitze der Nahrungskette. Wie viele Raubvögel besitzen sie ein hervorragendes Sehvermögen, sodass sie ihre Beute oder eine »geschenkte« Mahlzeit in Form eines bereits toten Tieres aus großer Höhe erspähen können, wenn sie am Himmel kreisen. Sie sehen zudem binokular, verfügen also über ein ausgeprägtes dreidimensionales Sehen, was bei der Jagd enorm wichtig ist.

Hat ein Adler eine Beute im Visier – ein Schneehuhn vielleicht, einen Schneehasen oder sogar ein Ziegenkitz –, steuert er diese zielstrebig an, nutzt seine breiten Flügel, um Tempo zu gewinnen und manövriert mit

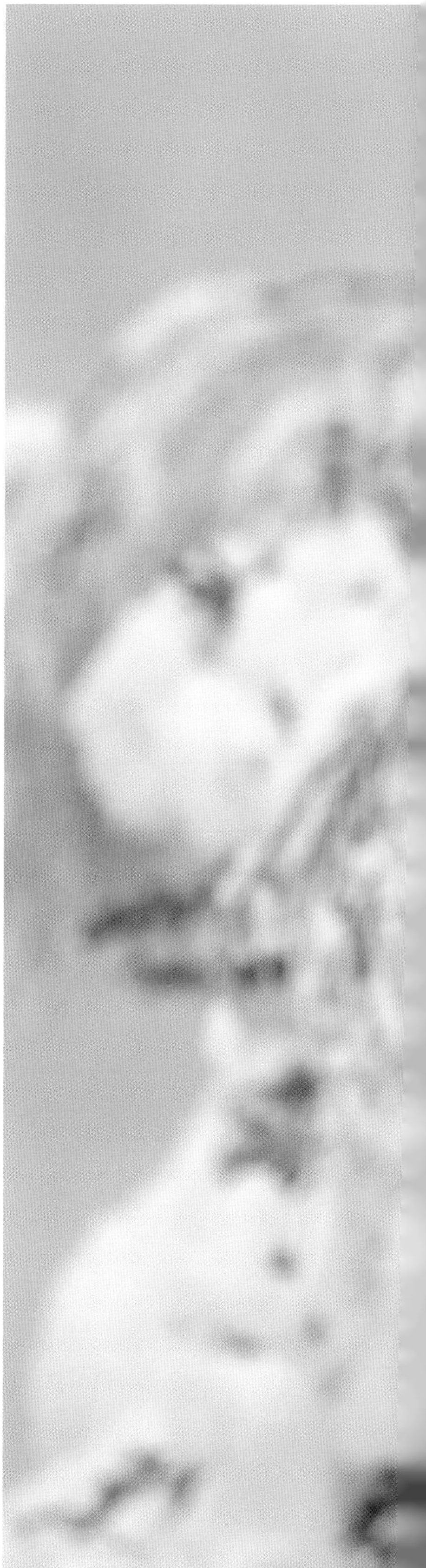

► **Sturzflug.** In den Bergen Norwegens ist dieser Steinadler *(Aquila chrysaetos)* im Anflug auf Aas, wobei er seine gewaltige Spannweite zeigt, die weit über zwei Meter betragen kann. Während er abbremst, stellen sich seine Handschwingen auf. Mit seinen kraftvollen Krallen kann er nicht nur das Fleisch von einem Kadaver reißen, sondern auch dessen Knochen brechen.

einer für einen so großen Vogel erstaunlichen Geschicklichkeit, bis er seinem Opfer seine scharfen Krallen ins Fleisch schlägt. Ist das Tier tot, reißt er es mit seinem starken Schnabel und seinen Krallen auseinander und frisst, bis er nicht mehr kann. Schließlich weiß er nicht, wo und wann er die nächste Mahlzeit bekommen wird.

Im Winter zeigen viele Adler jedoch ein völlig anderes Vorgehen. Eisige Temperaturen und starker Schneefall machen das Leben für die meisten Tiere sehr hart. Für Adler ist dies jedoch von Vorteil, sie halten Ausschau nach Kadavern verhungerter Tiere. Adler orientieren sich dabei an der lärmenden Geschäftigkeit anderer Aasfresser, wie Raben und Krähen, was sie oft zu einer bequemen Mahlzeit führt. Es ist für Steinadler sehr wichtig, auch im Winter ausreichend Futter zu finden, da sie als eine der ersten Gebirgsvogelarten mit dem Brüten beginnen. In der Regel paaren sich die Adler noch im frühen Winter und suchen im Januar ihren Nistplatz auf. Der Horst ist sehr groß und wird aus Ästen und Zweigen entweder in einem großen Baum oder auf einem Felssims gebaut. In Gegenden, in denen die Beute der Adler eher aus schwereren Säugetieren als aus leichteren Vögeln besteht, nisten sie weiter unten am Berg, um keine wertvolle Energie damit zu verschwenden, Nahrung hoch hinauftragen zu müssen.

Wie viele größere Tiere bekommen Steinadler wenig Nachwuchs. In der Regel werden im Abstand weniger Tage zwei Eier gelegt, in den meisten Jahren zieht ein Adlerpaar jedoch nur ein Junges bis zum Erwachsenenalter auf. Das zuerst geschlüpfte Küken ist größer und kräftiger als sein jüngeres Geschwister und bekommt daher von allem Futter, das in den Horst gebracht wird, den größeren Anteil. Das jüngere Küken wird allmählich schwächer und stirbt normalerweise, da es häufig von dem kräftigeren Jungvogel auch körperlich misshandelt wird.

Warum werden dann überhaupt zwei Eier gelegt? Man nimmt an, dass auf diese Weise in extrem guten Jahren, wenn das Wetter schön bleibt und es reichlich Futter im Gebirge gibt, tatsächlich zwei Küken aufgezogen werden können, wohingegen in normalen Jahren ein zweites Küken eine Art »Reserve« darstellt, falls der eigentlich stärkere Jungvogel unerwartet stirbt. Wissenschaftler nennen diesen Verhaltenskomplex Kainismus, nach der Geschichte des Brudermordes von Kain an Abel. Für die Adler ist es einfach eine Vorsichtsmaßnahme in einer Umgebung, in der niemals etwas als selbstverständlich vorausgesetzt werden kann.

◀ **Streit um Aas.** Ein junger Steinadler *(Aquila chrysaetos, links)* streitet sich in seinem ersten Winter mit seinem Vater in den Bergen Zentralnorwegens um Aas. Das Revier eines Adlers muss sehr groß sein, damit er in der kargen Bergwelt genügend Futter findet. Im Winter ist Aas überlebenswichtig, und auch wenn sich Reviere an den Randbereichen überlappen können, verteidigt ein Adler immer seinen Kernbereich.

Schlafen, um zu überleben

Der Verzehr von Aas ist eine Möglichkeit, über den Winter zu kommen. Für einige Gebirgstiere gibt es jedoch eine bessere Alternative, die sie nicht der Gnade des unvorhersehbaren Wetters und der Verfügbarkeit von Futter aussetzt: den Winterschlaf. Den hält auch das größte Tier im Gebirge, der Braunbär *(Ursus arctos)*.

Besonders Grizzlybären *(Ursus arctos horribilis)*, die zu den größten Braunbären gehören, sind beeindruckend. Ein großes Männchen kann weit mehr als 300 Kilogramm wiegen, und auch die etwa halb so schweren Weibchen haben immer noch eine beträchtliche Größe. Braunbären sind Allesfresser, die sich von einer großen Auswahl an pflanzlichem und tierischem Futter ernähren, wozu Gras und Beeren ebenso gehören wie Fisch (besonders Lachs), Vogeleier und kleine Säugetiere, wie Eichhörnchen.

► **Nachricht am Baum.** Ein männlicher Grizzlybär *(Ursus arctos horribilis)* kratzt sich genüsslich den Rücken und hinterlässt dadurch gleichzeitig eine Duftmarke für potenzielle Partnerinnen und Rivalen.

▼ **Grizzly auf Verfolgungsjagd.** An einem Gebirgshang in Alaska versucht ein Grizzlybär, ein Arktisches Ziesel *(Urocitellus parryii)* als wertvollen Eiweißsnack vor dem Winterschlaf zu schnappen.

Im Grunde fressen Braunbären alles, was sie finden können. Im Herbst nimmt das Nahrungsangebot irgendwann ab, dies gilt insbesondere für hohe Lagen, in denen die Schneefälle früh und mit wenig Vorwarnung einsetzen können. Daher verbringen Bären die letzten wertvollen Tage der Fülle damit, fast ständig zu fressen, wobei sie täglich bis zu 40 Kilogramm verzehren und für die kommenden Wintermonate an Gewicht zulegen.

Ende Oktober oder im November sucht sich der Bär dann einen Platz für den Winterschlaf. Dafür nutzt er entweder einen natürlichen Rückzugsort, wie eine Höhle, oder einen Bau, den er sich selbst gegraben hat. Dort verbringt er eine lange Periode der Winterruhe, in der er seinen Stoffwechsel herunterfährt, um möglichst wenig Energie zu verbrauchen. So kann er durch seine Fettreserven sechs Monate der Inaktivität bis zum nächsten Frühling überleben.

Aber das ist noch nicht die ganze Geschichte. Ein Bär kann zwischendurch aufwachen, verändert dann seine Position im Bau oder verlässt diesen sogar für eine Weile. Manchmal werden während der Winterruhe sogar Junge geboren. Ein Braunbärenjunges ernährt sich sein ganzes erstes Lebensjahr über von Muttermilch, und etwa jedes zweite Braunbärenjunge erlebt seinen ersten Geburtstag.

Wenn die Sonne die Temperaturen steigen lässt, die Pflanzen wieder zu wachsen beginnen und auch die anderen Tiere wieder auftauchen, sind die Bären wieder da – vorausgesetzt, die Jungen und ihre Mutter haben den harten Winter überlebt. Doch selbst dann sind die Gefahren des Winters noch nicht vorüber: Es kann späte Schneefälle geben, sodass kaum Futter zu finden ist, oder auch Lawinen, die alles auf ihrem Weg vernichten und auch die Bären nicht verschonen. Mit etwas Glück und geleitet von der Erfahrung und dem Urteilsvermögen ihrer Mütter überleben die Jungen, um sich auf den saftigen Sommerwiesen in tieferen Lagen satt zu fressen.

Während der kurzen Sommer nutzen dann besonders weibliche Grizzlys die vielen Tageslichtstunden, um sich möglichst viel Gewicht anzufressen, das sie nicht nur für sich selbst, sondern auch für ihre Jungen brauchen. Es ist ein Wettlauf gegen die Zeit, denn die Sommer im Norden sind fruchtbar, aber kurz. Eine Plage, die Bären wie alle Bewohner und Besucher dieser Lebensräume quält, sind die Schwärme von stechenden Insekten. Sie sind einer der Gründe, warum Bären sich häufig an Bäumen oder Felsen reiben, so verschaffen sie sich Erleichterung von dem ständigen Juckreiz.

◀ **Grasende Grizzlys.** Ein Grizzly *(Ursus arctos horribilis)* frisst sich im Frühling auf einer Lichtung im gemäßigten Küstenregenwald des Great Bear Rainforest im kanadischen British Columbia satt. In dieser Zeit der Fülle steigen die Bären auf niedrigere Höhen ab und fressen sich das Gewicht wieder an, das sie während des Winterschlafs verloren haben.

Kalte Nächte und Aufwärmstrategien

Man könnte annehmen, in Äquatornähe müsste das Leben selbst in Gebirgen einfach sein. Je größer die Höhe, desto tiefer sinkt jedoch die Temperatur. Im Gebirge Ruandas, das nah am Äquator liegt, aber Höhenlagen von 2000 bis 4500 Meter über dem Meeresspiegel erreicht, ist die Durchschnittstemperatur deutlich niedriger als in den umliegenden Gebieten und kann besonders nachts erstaunlich tief sinken.

Im Kampf mit den kalten Nächten haben die dortigen Berggorillas *(Gorilla beringei beringei)* ein geniales Verhalten entwickelt. Zuerst bauen sie aus Blättern und Zweigen ein Nest – normalerweise am Boden – und kuscheln sich dann unter das Blattwerk, wie wir unter ein Federbett oder in einen Schlafsack. Der dann folgende Teil ihres Vorgehens ist allerdings nichts für Zimperliche, denn sie entleeren sich anschließend in dieses Lager, wobei die Wärme ihrer Ausscheidungen wie eine Wärmflasche wirkt.

Ein Nest wird jedoch nur kurz genutzt. Da Gorillas nomadisch leben, bauen sie sich in der Regel jede Nacht ein neues. Auch wenn dies Zeit und Energie verbraucht, könnten vor allem die Jungen, die sich das Nest mit ihrer Mutter teilen, ohne diese Wärme nicht überleben.

Unter den vielen verschiedenen Vogelarten, die es weltweit in Gebirgsregionen gibt, rechnet man mit Flamingos vielleicht am wenigsten. Wir verbinden diese eleganten Wasservögel normalerweise mit den großen Salzseen Afrikas, wo eine halbe Million Zwergflamingos *(Phoeniconaias minor)* an weitläufigen Salzpfannen in der erbarmungslosen Mittagssonne ihr Futter suchen, was nur wenige andere Lebewesen aushalten würden.

In der Gebirgskette der Anden im Westen Südamerikas stellen sich jedoch drei verschiedene Flamingoarten – Jamesflamingo *(Phoenicoparrus jamesi)*, Chileflamingo *(Phoenicopterus chilensis)* und Andenflamingo *(Phoenicoparrus andinus)* – erfolgreich einer völlig anderen Herausforderung. Dort, in über 4500 Metern über dem Meeresspiegel, sinken die Temperaturen nachts so stark ab, dass die Füße der Vögel im Eis festfrieren können, wodurch sie vorübergehend gefangen sind. Um in dieser eisigen Umgebung ihre Körper warmzuhalten, plustern Flamingos ihr Gefieder auf und fangen darunter eine Schicht Warmluft ein. Andere vermeiden das Problem, indem sie sich in der Nähe von heißen Quellen versammeln, die durch Vulkanaktivität entstehen.

▶ **Flamingoschutzgebiet.** Jamesflamingos *(Phoenicoparrus jamesi)* im flachen Wasser der Laguna Colorada hoch im bolivianischen Altiplano. Der See hat seinen Namen – *colorado* bedeutet rot oder farbig – von der orangeroten Farbe des Sediments und der Algen, die in dem nährstoffreichen, von heißen Quellen erwärmten Wasser gedeihen. Von der 50 000 Tiere umfassenden Population dieser Art brüten hier beinahe zwei Drittel. Die Region ist so abgelegen, dass der Jamesflamingo jahrzehntelang als ausgestorben galt und erst Ende der 1950er-Jahre wiederentdeckt wurde.

Warum nehmen die Vögel diese harten Bedingungen auf sich? In dieser Höhe gibt es, wenn überhaupt, nur wenige Raubtiere, von denen sie bedroht werden, und die Sonne lässt, nachdem sie aufgegangen ist, die Temperaturen rasch ansteigen. Das Eis ist bald getaut, und die Vögel sind wieder frei, um in den flachen, futterreichen Salzseen zu fressen. Wie aber verhindern sie Schäden an den unteren Extremitäten und eine Übermittlung der Kälte von den Beinen an den restlichen Körper? Wie andere Wasservögel auch können Flamingos die Blutzirkulation in ihren Beinen und Füßen stoppen, sodass ihr restlicher Körper warm genug bleibt, selbst wenn ihre unteren Extremitäten eingefroren sind.

Auch ein weiteres Tier der Anden muss sich am Morgen aufwärmen. Viscachas *(Lagostomus maximus)*, von denen es mehrere Unterarten gibt, sind mit den Chinchillas *(Chinchilla)* verwandte Nagetiere. Sie haben in etwa die Größe und das Aussehen von Kaninchen, jedoch mit ewas längeren Ohren und einem längeren Schwanz. Viscachas leben in Gruppen in Bauen oberhalb der Baum- und unterhalb der Schneegrenze an den Hängen der Anden und ernähren sich von vielen unterschiedlichen Pflanzen, auch wenn es in dieser kargen Landschaft schwierig sein kann, Futter zu finden. Bevor ein Viscacha jedoch ans Fressen denken kann, muss es sich aufwärmen. Hierzu sitzt es in der frühen Morgensonne wie ein Miniatur-Buddha

Betörender Tanz. Zu Beginn ihres Balztanzes recken Andenflamingos *(Phoenicoparrus andinus)* ihre Köpfe. Diese Aufnahme entstand an einem Salzsee auf dem chilenischen Altiplano, dem höchstgelegenen Ort, an dem Flamingos vorkommen. Männchen und Weibchen bewegen sich im Einklang, bereits in ihrem rosafarbenen Brutgefieder begutachten sie dabei potenzielle Partner.

◀ **Sonnenanbeter.** Ein Viscacha *(Lagostomus maximus)*, ein großes Nagetier der Anden, wärmt sich in der frühen Morgensonne neben seinem Gebirgsbau auf. Als Beutetier von Adlern, Füchsen und Wildkatzen hält es dabei die Ohren gespitzt und die Augen zumindest einen Spalt weit geöffnet.

▶ **Vogelbeobachtung am Warmwasserpool.** Ein Rotluchs *(Lynx rufus)* beobachtet angespannt, wie eine Schellente *(Bucephala clangula)* vor ihm vorbeischwimmt. Heiße Quellen halten das Wasser des Madison River in den Rocky Mountains im US-Bundesstaat Wyoming selbst bei Wintertemperaturen von minus 30 Grad Celsius warm. Für Wasservögel, aber auch für ihre Räuber ist der Fluss dadurch attraktiv. Der Luchs springt gelegentlich sogar ins Wasser, um sich einen Vogel zu schnappen.

auf seinem Gesäß, damit seine Muskeln sich aufwärmen. Am Vormittag erreicht es die »goldene Stunde«, nun hat es genügend Energie zum Fressen, die Luft ist für die hektische Betriebsamkeit der Tiere aber noch kühl genug. Etwa eine Stunde später, gegen Mittag, ist die Sonneneinstrahlung zu stark geworden, und das Viscacha hält im Schatten Siesta, bis es später am Tag weiterfressen kann.

In den Gipfellagen kann sich das Wetter im Handumdrehen ändern, in einem Moment bringt es eisigen Wind und Schneefall und im nächsten brennenden Sonnenschein, aber auch Regen, Hagel und Sturm. Im Winter können die Temperaturen auch in tropischen Gebirgen deutlich unter null Grad Celsius sinken, und es wird noch schwieriger, Futter zu finden. In einigen Gebirgsregionen, in denen es vulkanische Aktivität gibt, wie in Teilen der Rocky Mountains in Nordamerika, sorgen heiße Quellen dafür, dass das Wasser auch im Winter nicht einfriert. So entsteht eine Inselumgebung, die Wasservögeln eine wichtige Zuflucht bietet und andere Tiere zum Wasser, aber auch zu potenzieller Beute zieht.

▲ **Abstieg Richtung Wasser.** In der Judäischen Wüste klettern Nubische Steinböcke *(Capra nubiana)* über die Felsen hinunter, um in einer Schlucht zu trinken – ein gefährliches, aber täglich notwendiges Unterfangen. Die felsigen Höhen, auf denen sie leben, bieten ihnen zwar Zuflucht vor Raubtieren und Störungen durch Menschen, aber kein Wasser.

◀ **Aussichtspunkt.** Selbstsicher steht ein weiblicher Nubischer Steinbock auf einem Felsvorsprung. Seine Hufe sind an der Unterseite konkav, was sie ein wenig wie Saugnäpfe wirken lässt und den Halt auf dem Fels verstärkt. Das sandfarbene Fell der Tiere sorgt dafür, dass sie mit dem Hintergrund verschmelzen, und reflektiert zudem die Sonne.

Absteigende Ziegen und aufsteigende Bären

Nicht jede Herausforderung, der sich Gebirgstiere gegenübersehen, hat mit Hitze oder Kälte zu tun. Wie in der Wüste kann es auch in den Bergen kompliziert sein, Trinkwasser zu finden, besonders in den Gebirgsregionen heißer Länder, wo fehlender Regen und intensive Verdunstung das Problem noch verstärken.

In den Bergen Arabiens läuft das wenige Regenwasser die steilen, trockenen Hänge hinab und sammelt sich in Flussbetten, die als Wadis bezeichnet werden. Diese sind normalerweise trocken, füllen sich nach Regenfällen aber vorübergehend mit Wasser und sind dann für alle Gebirgstiere in dieser Region eine willkommene Gelegenheit, ihren Durst zu stillen.

Um dieses kostbare Nass zu erreichen, müssen die Tiere jedoch zuerst steil abfallende Felshänge hinuntersteigen und daher geschickte Kletterer sein. Zu den Geschicktesten unter ihnen gehört der Nubische Steinbock *(Capra nubiana)* aus der Gattung der Wildziegen *(Capra)*. Er ist besonders an das Leben in den trockenen Gebirgsregionen angepasst, und man findet ihn vom Westen Algeriens bis zum Oman im Osten und südlich in Afrika bis in den Sudan. Trotz dieses recht großen Verbreitungsgebietes gibt es nur noch ertwa 1200 Nubische Steinböcke in freier Wildbahn.

Erwachsene Steinböcke leben in nach Geschlechtern getrennten Herden, und es ist die Aufgabe der weiblichen Tiere, die Kitze aufzuziehen und sie die steilen Berghänge hinabzuführen, um Wasser zu finden. Selbst Kitze, die erst wenige Tage alt sind, müssen diese Strapaze auf sich nehmen; denn bis zum nächsten Regen kann es Wochen dauern. Die Mütter sind trittsicher und an diesen unwegsamen Lebensraum perfekt angepasst, aber die Kitze sind noch vergleichsweise unsicher auf ihren Beinen und kennen zudem den Weg nicht. Unterwegs laufen sie darüber hinaus Gefahr, das Ziel von Räubern, wie Steinadlern *(Aquila chrysaetos)*, Bartgeiern *(Gypaetus barbatus)* und sogar Leoparden *(Panthera pardus)* zu werden.

Von Gebirgsziegen, wie Steinböcken, erwarten wir, dass sie geschickte Bergkletterer sind, aber Tieren wie Bären trauen wir nicht zu, an Steilhängen zu klettern. Eine Art jedoch tut dies regelmäßig: der Brillenbär *(Tremarctos ornatus)*, die einzige in Südamerika beheimatete Bärenart. Sein Vorkommen ist heute auf einen schmalen Gebirgsstreifen im Nordteil der Anden von Venezuela, Kolumbien und Ecuador im Norden bis Peru, Bolivien und Nordwest-Argentinien im Süden beschränkt, wobei auch dort der Bestand zurückgeht. Er ist ein mittelgroßer Bär, auch wenn die Männchen bis zu 200 Kilogramm wiegen können, gegenüber den etwa 80 Kilogramm der deutlich zierlicheren Weibchen. Er hat eine breite, kurze Schnauze und helle Streifen und Flächen im Gesicht, die dieser Art ihren Namen gegeben haben. Durch diese individuell sehr unterschiedliche Gesichtszeichnung können manche Brillenbären eine leichte Ähnlichkeit mit ihrem entfernten Verwandten, dem Großen Panda *(Ailuropoda melanoleuca)*, aufweisen.

Der Brillenbär kommt in verschiedenen Gebirgshabitaten vor, am häufigsten in Nebelwäldern, hoch gelegenen Zwergwäldern und an den oberen Hängen der Anden. Er ist weitgehend ein Pflanzenfresser, bei dem Fleisch nur etwa fünf Prozent der Nahrung ausmacht. Einige Bären unternehmen jedoch für eine Leckerei halsbrecherische Ausflüge an nackten Felswänden hinauf. Sie sind auf der Suche nach Schnecken, die in Felsspalten von Gebirgshängen leben. Diese Bären, die auch geschickt in Bäumen klettern, haben dafür spezielle Anpassungen entwickelt: scharfe Krallen, sehr bewegliche Fußsohlen, die einen Grip wie ein moderner Kletterschuh bieten, sowie längere Gliedmaßen und einen geringeren Körperfettanteil als andere Bären. Ähnlich wie menschliche Bergsteiger sind sie athletisch und austrainiert.

Wie bei den Steinböcken stellt das Klettern den erwachsenen Brillenbär kaum vor Probleme, Jungtiere müssen jedoch einen nicht ungefährlichen Lernprozess durchlaufen. Sie müssen ihrer Mutter auf den Fersen folgen, sorgfältig eine Tatze vor die andere setzen und konzentriert bleiben, bis sie endlich oben angekommen sind.

▶ **Entlang der Klippen.** Ein weiblicher Brillenbär *(Tremarctos ornatus)* und sein Sprößling queren eine fast senkrechte Felswand auf der Suche nach Schnecken als Ergänzung ihrer Ernährung. Ihre Tatzen sind klettertauglich – auf Bäumen wie auf Felsen –, mit Krallen und Fußsohlen, die guten Halt geben.

▶ **Unterwegs im Gebirge.** Ein Brillenbär ist mit seinem Fell voller Kletten an einem Berghang in den peruanischen Anden auf dem Weg zu einem Wasserloch. Er frisst in tieferen Lagen, kehrt zum Schlafen jedoch zu seinem Bergsims oder in seine Höhle zurück.

Leben in allergrößter Höhe

Von allen Gebirgsregionen ist keine höher und anspruchsvoller als der Himalaja. Dieses mächtige Gebirge, dessen Name »Ort des Schnees« bedeutet, erstreckt sich von der Grenze zwischen Nepal und Tibet im Norden nach Süden bis Indien und von Pakistan im Westen bis Bhutan im Osten. Das Gebirge verläuft über 2400 Kilometer in einem Bogen von Nordwesten nach Südosten und ist an einigen Stellen 400 Kilometer breit. Im Himalaja erheben sich neun der zehn höchsten Berggipfel der Welt, dazu zählt der Mount Everest, der eine Höhe von beinahe 8850 Metern über dem Meeresspiegel erreicht. In Tibet ist er seit Jahrhunderten als Chomolungma, »Mutter des Universums«, bekannt, und sein Gipfel ist der höchste Punkt auf unserem Planeten.

Seit Bewohner des Abendlandes den Mount Everest Mitte des 19. Jahrhunderts für sich entdeckt haben, zieht er Bergsteiger aus dem Westen an, die seinen Gipfel bezwingen wollen. Zu den Bekanntesten unter ihnen gehören George Mallory und Andrew Irvine, die 1924 bei einem Besteigungsversuch ums Leben kamen, und natürlich der neuseeländische Bergsteiger Sir Edmund Hillary und der Sherpa Tenzing Norgay, die im Jahr 1953 schließlich tatsächlich als Erste auf dem Dach der Welt standen. Seither haben es viele weitere Bergsteiger auf den Gipfel geschafft, nicht wenige haben bei dem Versuch jedoch ihr Leben verloren.

Nur wenige Tiere können in höheren Lagen als den unteren Hängen eines Hochgebirges überleben, denn je weiter man hinaufkommt, desto weniger Sauerstoff steht zur Verfügung. Oberhalb von ungefähr 7200 Metern wird es für den Menschen sehr schwierig, ohne zusätzlichen Sauerstoff zu atmen. Die Baumgrenze im Himalaja liegt bei etwa 4900 Metern, und obgleich Schneeleoparden *(Panthera uncia)*, Königstiger *(Panthera tigris tigris)* und Yaks *(Bos mutus)* auf den mittleren Hängen des Himalaja leben, gelangt nur eine Handvoll Spezies zumindest in die Nähe der höchsten Gipfel. Zu ihnen gehört ein Vogel: die Alpendohle *(Pyrrhocorax graculus)*. Dieser glänzend schwarze Rabenvogel mit kurzem, gebogenem gelbem Schnabel wurde Bergsteigern zufolge bereits am Everest auf 8200 Metern Höhe gesichtet, nur wenige Hundert Meter unterhalb des Gipfels. Die Vögel leben und brüten jedoch in sehr viel geringeren Höhen. Ein kleiner Vertreter der Wirbellosen zeigt hingegen ein pänomenales Durchhaltevermögen auch in ganz großen Höhen.

▶ **Die »Mutter des Universums«.** Das letzte Licht des Tages lässt den Mount Everest erglühen. Mit einer Höhe von 8850 Metern ist er der höchste Berg der Erde. Kein Beutegreifer der Welt hat einen höher gelegenen Lebensraum als die in dieser Region auf bis zu 6700 Metern Höhe lebende Springspinne *Euophrys omnisuperstes.*

Die Springspinne *Euophrys omnisuperstes* lebt das ganze Jahr über in Höhen bis zu 6700 Metern, damit ist sie der am höchsten lebende Beutegreifer der Welt. Ihr wissenschaftlicher Name *omnisuperstes* bedeutet daher auch »über allen anderen stehend«. Diese außergewöhnliche Spinne wurde erstmals von George Mallory und seinen Teamkollegen in einer Höhe entdeckt, die zuvor noch kein Mensch erreicht hatte. Anfangs vermuteten die Wissenschaftler, es handle sich um eine einmalige Beobachtung, und die Spinne sei auf Luftströmungen von tiefer gelegenen Hängen heraufgeweht worden. Spätere Beobachtungen bestätigten jedoch, dass diese Spinnen tatsächlich bis kurz unterhalb der Himalajagipfel leben.

Wie können sie dort überleben? Wenn die Sonne herauskommt und die Luft für ein paar Stunden erwärmt, tauchen die Spinnen auf der Suche nach Futter auf, und wenn die Sonne verschwindet, verstecken sie sich wieder unter Felsen. Da es keine anderen Tiere gibt, die dort oben ständig leben, ist

▲ **Sprungbereit.** Wenn die Sonne die dünne Luft am Mount Everest erwärmt, tauchen Springspinnen der Art *Euophrys omnisuperstes* aus ihren Verstecken unter den Felsen auf und beginnen zu jagen. Die Zeit, in der sie vom Wind heraufgetragene Fliegen und Springschwänze fangen können, ist begrenzt. Die Opfer müssen lebendig sein, damit die Spinnen ihre Körperflüssigkeiten aussaugen können. Ihren riesigen Augen entgeht keine Bewegung an den Hängen.

die Ernährung der Spinnen völlig von winzigen Insekten abhängig, die durch den beständigen Wind von tieferen Hängen heraufgeweht werden.

Die Spinnen finden diese vom Wind herangewehten Leckerbissen durch ihr ausgezeichnetes Sehvermögen, das besonders sensibel auf winzige Insektenbewegungen reagiert. Wie alle Springspinnen können sie Körperflüssigkeit in ihre Beine pressen und dadurch einen höheren Druck erzeugen, der sie in die Lage versetzt, um das Dreißigfache ihrer Körperlänge in die Höhe zu springen. Bevor eine Springspinne jedoch durch die dünne Gebirgsluft springt, um ihre Beute zu fangen, spinnt sie eine seidene Sicherheitsleine – das Äquivalent dieser Wirbellosen zu einem Kletterseil.

Die Höhenflieger

Zugvögel werden durch die hohen Gipfel des Himalaja vor ein sehr großes Problem gestellt: Wie sollen sie diese gewaltige natürliche Barriere überwinden? Zwei Arten von Vögeln, dem Jungfernkranich *(Anthropoides virgo)* und der Streifengans *(Anser indicus)*, gelingt dies jedoch. Zweimal pro Jahr, auf ihrer Hin- und Rückreise von ihren Nistplätzen in Mittelasien in ihre Winterquartiere in Indien, schaffen sie es, den Himalaja zu überfliegen, wobei sie manchmal scheinbar unglaubliche Höhen erreichen.

Die Streifengans ist ein auffallender Vogel. Ihr Schnabel und ihre Beine sind von einem kräftigen Orange, und ihr Kopf zeigt zwei schwarze Streifen hinter den Augen, die ihr ihren Namen geben. Streifengänse brüten in großen, lärmenden Kolonien an Gebirgsseen in Zentralasien zwischen Russland im Norden über Kasachstan und die Mongolei bis China und Tibet im Süden. Diese Länder liegen alle nördlich des Himalaja. Um ihre Winterquartiere auf den Feldern und Feuchtgebieten in Pakistan, Nordindien und Bangladesch zu erreichen, müssen die Vögel deshalb dieses Gebirge jedes Jahr zweimal überqueren.

Wie die meisten Mitglieder ihrer Familie sind Streifengänse in großen Schwärmen unterwegs, wobei sie häufig in einer V-Formation fliegen, bei der erfahrene erwachsene Vögel die Führung übernehmen und die unerfahrenen Jungvögel ihnen folgen. Die höchste, absolut zuverlässig bewiesene Höhe, in der sie auf ihrer langen und abenteuerlichen Reise gesichtet wurden, liegt bei eindrucksvollen 6500 Metern, in einer der Schluchten, die eine Durchquerung dieser Gebirgskette ermöglichen. Sie sollen aber auch schon auf etwa 8500 Metern Höhe über dem Makalu beobachtet worden sein, dem fünfthöchsten Gipfel unseres Planeten – und eventuell sogar über dem Mount Everest selbst. Die meisten Streifengänse nehmen tatsächlich den Umweg durch die Schlucht, auch wenn dieser ihre bereits lange Zugstrecke noch einmal deutlich verlängert. Das Erreichen enorm großer Flughöhen gelingt dieser Gänseart durch eine Reihe physiologischer Anpassungen. Sie haben in Relation zu ihrem Körpergewicht eine größere Flügelspannweite und eine größere Flügelfläche als andere Vögel. So können sie große Höhen schneller erreichen und sich dort halten. Sie können im Hämoglobin ihres Blutes auch mehr Sauerstoff speichern, wodurch sie über eine längere Zeit hinweg auch in der sauerstoffarmen Höhenluft die Sauerstoffzufuhr ihrer Flugmuskeln sicherstellen können. Zusätzlich können sie ihre Herzfrequenz und damit ebenfalls den Sauerstoffgehalt im Blut erhöhen.

Während einige Zugvogelarten sich von Rückenwinden unterstützen lassen, ziehen die Streifengänse ruhige Bedingungen vor, was das Risiko

verringert, dass sie in einen unerwarteten und potenziell tödlichen Sturm geraten. Sie fliegen überwiegend nachts oder sehr früh am Morgen, wenn sie in der kühleren und dichteren Luft größere Höhen erreichen und dort bleiben können.

Dennoch sterben unterwegs viele, entweder, weil sie vor Erschöpfung abstürzen, von schlechtem Wetter überrascht, abgeschossen oder von Räubern, wie dem Steinadler *(Aquila chrysaetos)*, erlegt werden, für den dieser zweimal jährlich stattfindende Vogelzug ein reiches Futterangebot darstellt. Es gelingt jedoch ausreichend vielen dieser außergewöhnlichen Vögel, durchzukommen, um die Population aufrechtzuerhalten.

Leistungsstarke Flieger. Streifengänse *(Anser indicus)* überqueren auf ihrem Zug den Himalaja, um in Indien zu überwintern. Physiologische Anpassungen erlauben ihnen Steigflüge bis in die Höhen der Gipfel, auch wenn sie normalerweise eher durch Schluchten fliegen.

Druck von oben und unten

In einer Welt, in der es nur wenige Tiere einer Art gibt, die noch dazu weit voneinander entfernt leben, stellt sich ein weiteres Problem – wie sollen sie einen Partner finden? Dies trifft besonders auf große Raubtiere zu, die in der Nahrungskette ganz oben stehen, deren Anzahl aufgrund des begrenzten Nahrungsangebots aber gering und deren Reviere aus demselben Grund sehr groß sind. Verstärkt wird das Problem noch durch das Gebirgsterrain, in dem sich vor allem Gerüche nur schwer über größere Entfernungen verbreiten. Häufiges schlechtes Wetter behindert oft auch die Sicht.

Schneeleoparden *(Panthera uncia)* haben sehr große Reviere von bis zu 200 Quadratkilometern und leben in der Regel als Einzelgänger. Wenn sie

▲ **Aufgepasst.** Ein männlicher Schneeleopard *(Panthera uncia)* gönnt sich im Ulley-Tal in Ladakh nach dem Fressen etwas Ruhe, behält dabei aber seine Jagdbeute im Blick.

sich jedoch paaren wollen – normalerweise gegen Ende des Winters –, nehmen sie über Geruch und Lockrufe Kontakt miteinander auf. Männchen urinieren an markanten Plätzen, um für potenzielle Partnerinnen Nachrichten zu hinterlassen und anzuzeigen, dass sie in der Nähe und paarungsbereit sind. Die Weibchen wiederum »singen«, wenn sie empfänglich sind, ihre Rufe hallen durch die Täler. Nach der Paarung nehmen beide Partner ihr Leben als Einzelgänger wieder auf. Die Tragzeit dauert etwa drei Monate, die Weibchen werfen im Spätfrühling oder Frühsommer ein bis fünf blinde, hilflose Junge. Angesichts der geringen Anzahl von Individuen, welche diese Art noch aufweist, ist das Überleben jedes einzelnen Jungtiers heute äußerst wichtig für die Zukunft der Spezies. Es gibt gegenwärtig nur noch 5000 bis 7000 wild lebende Schneeleoparden, über die Hälfte davon in China. Abgesehen davon, dass die Tiere wegen ihres außerordentlich kostbaren Fells gejagt werden, sind ihre Knochen und weitere Organe in der Traditionellen Chinesischen Medizin begehrt. Wo Armut herrscht, ist die Versuchung zu wildern groß. Das größte Problem dieses scheuen und seltenen Tieres ist jedoch der Klimawandel. Mit dem zunehmenden Anstieg der Durchschnittstemperaturen weltweit ist es wie andere Spezies auch gezwungen, in kühlere höhere Bereiche auszuweichen, um seine gewohnten Lebensbedingungen vorzufinden. Diese Möglichkeit hat aber ihre natürlichen Grenzen.

Schneeleoparden jagen normalerweise an Gebirgshängen im schmalen Bereich oberhalb der Baum- und unterhalb der Schneegrenze. Heute liegt dieser Bereich höher als jemals zuvor. Je höher die Leoparden jedoch steigen, desto seltener werden ihre Beutetiere. Inzwischen verursacht der Klimawandel auch eine Versteppung tieferer Lagen, wodurch traditionelle Hirten gezwungen sind, ihre Herden auf größere Höhen zu treiben. Ihre Tiere konkurrieren dort nicht nur um Futter mit den Beutetieren der Leoparden, wie Wildschafe und Steinböcke, sondern hungrige Schneeleoparden kommen auch in Versuchung, Tiere aus diesen Herden zu reißen. Verzweifelte Hirten jagen und töten dann die Leoparden. Bei der Vielzahl an Bedrohungen wird in den kommenden Jahrzehnten ein sorgfältiger Schutz erforderlich sein, damit diese wunderbare Art nicht ganz ausstirbt.

Man könnte argumentieren, dass die Ökosysteme in Gebirgen von allen Lebensräumen in der Welt noch am wenigstens geschädigt sind. Ihre isolierte Lage hat sie vor Veränderungen bewahrt, die Lebensräume im Tiefland, wie Wälder und Grasländer, zerstört haben. Auch von den Schäden, die der Mensch und seine domestizierten Tiere auf einst unberührten Meeresinseln verursacht haben, blieben sie verschont. Ihre Isolation ist aber auch ihre Achillesferse. Sie hat eine Reihe hoch spezialisierter Ökosysteme entstehen lassen, jedes gekennzeichnet durch ebenso hoch spezialisierte Pflanzen- und Tierarten. Wenn sich diese Umgebung durch verstärkte Landwirtschaft, menschliche Jagd und, am gravierendsten, durch den Klimawandel drastisch und schnell verändert – was vielerorts der Fall ist –, sehen Flora und Fauna der Gebirgsregionen in aller Welt einer ungewissen Zukunft entgegen.

► **Zu Tisch.** Im Ulley-Tal in Ladakh ist eine Schneeleopardin *(Panthera uncia)* auf dem Weg zu ihrem Riss. Diese Raubkatzen jagen hauptsächlich Wildschafe und Steinböcke, wenn Beutetiere knapp sind, reißen sie aber auch domestizierte Tiere.

▼ (nächste Seite) **Passant in großer Höhe.** Eine Kamerafalle fängt einen vorbeigehenden Schneeleoparden hoch in den Bergen Ladakhs ein. Durch Kamerafallen erfährt man mehr über das Leben dieser scheuen und seltenen Großkatzen.

3
WÜSTEN

ES IST EIN TROSTLOSES, unfruchtbares Ödland, in dem es nur wenig oder gar kein Wasser und noch weniger Leben gibt; tagsüber herrschen brütende Hitze und nachts eisige Kälte. Eine unheimliche Ruhe liegt über allem, nur der Sand bewegt sich, verweht vom ständigen Wind. In der Ferne narrt den Betrachter eine Fata Morgana, der er sich niemals nähern kann. Dieses Bild haben die meisten von den Wüsten der Welt, und tatsächlich entsprechen Wüsten auch häufig dieser trostlosen Beschreibung. Es gibt jedoch nicht wenige Wüsten, für die sie nicht weiter von der Wahrheit entfernt sein könnte.

Obwohl eine Wüste als eine Gegend definiert ist, in der die Regenmenge gering ist – unter 250 Millimeter pro Jahr –, regnet es in Wüsten gelegentlich sogar sehr stark. Wenn dies geschehen ist, taucht wie von Zauberhand Leben auf, für kurze Zeit gedeihen Pflanzen und lassen die Wüste ergrünen. Es ist in Wüsten auch nicht immer heiß. Viele Wüsten der Welt sind sogar bitterkalt – einschließlich eines Großteils der Arktis und besonders der Antarktis, in der es extrem selten Niederschlag gibt. Wüsten können sandig, ebenso gut aber auch von Fels und Steinen geprägt sein, wodurch nicht weniger eindrucksvolle Landschaften entstehen. Es stimmt, dass nur wenige andere Lebensräume auf unserem Planeten dem Leben so wenig zu bieten haben, was aber nicht bedeutet, dass es in den Wüsten kein Leben gibt. Man muss nur wissen, wo und wie man danach suchen muss.

Um in dieser rauen Umgebung überleben zu können, haben Pflanzen und Tiere einige der genialsten Überlebensstrategien entwickelt. Um Wasser zu sparen, haben sich manche Pflanzen vollständig ihrer Blätter entledigt und sind stattdessen mit Dornen oder Stacheln bedeckt, um zugleich Tiere davon abzuhalten, sie zu fressen. Einige blühen nur, wenn es regnet, sodass sie manchmal jahrelang ruhen. Manche haben ausgedehnte Wurzeln, die unter der Oberfläche ein weitverzweigtes Netz bilden, um so viel

(vorherige Seite) **Auf der Suche nach Wasser.** Elefantenfamilien *(Loxodonta africana)* im Etosha-Nationalpark in Namibia ziehen durch ein ausgetrocknetes Flussbett. Sie werden von der ältesten und erfahrendsten Elefantenkuh geführt, die sich über die Jahre hinweg eine »Landkarte« der Region eingeprägt hat, sodass sie stets den kürzesten Weg zu einer Wasserquelle kennt, was in dieser kargen Landschaft ein überlebenswichtiges Wissen darstellt.

◀ **Wüstensturm.** Ein Sommergewitter in der Sonora-Wüste im US-Bundesstaat Arizona, einer Wüste mit zumindest gelegentlich enormen Niederschlägen. Solche Gewitter bringen Starkregen mit sich, die der Saguaro-Kaktus *(Carnegiea gigantea)* über sein ausgedehntes Wurzelsystem direkt unter der Oberfläche aufnimmt und in seinem gerippten Stamm speichert.

Niederschlag wie möglich zu sammeln, und wieder andere dringen immens tief in den Boden ein, um an Wasser zu gelangen.

Die Mehrheit der Wüstentiere führt ein nachtaktives Leben, während der Tageslichtstunden verstecken sie sich unter dem Sand oder zwischen den Felsen und kommen erst in der Dämmerung heraus, um zu fressen. Einige Tierarten warten mit der Fortpflanzung, bis es regnet, betreiben diese dann aber so intensiv wie nur möglich, solange die Bedingungen günstig sind.

Diese Anpassungen ermöglichen es den Lebewesen der Wüste, auch diese trockene Welt zu bevölkern, wo die Anstrengungen des Lebens in der Herausforderung kulminieren, genügend von dem Element zu bekommen, ohne das kein Leben existieren kann: Wasser.

Zwischen Dürre und Wolkenbruch

Was tatsächlich alle Wüsten dieser Welt verbindet, ist der relative Wassermangel. Das bedeutet jedoch nicht, dass es in einigen Wüsten zu bestimmten Zeiten des Jahres nicht regnet. Jedes Jahr bilden sich in den Wüsten im Südwesten der Vereinigten Staaten Quellwolken am Horizont. Der Regen, den sie bringen, ist jedoch nicht immer willkommen. Es handelt sich nämlich um ein dem Monsun ähnliches Witterungsphänomen, das vielleicht nicht so bekannt ist wie seine asiatische Entsprechung, gelegentlich jedoch nicht weniger dramatisch.

Ein paar Monate lang, von der Mitte des Sommers bis in den Frühherbst hinein, bilden sich jeden Nachmittag, wenn die Hitze am stärksten wird, gewaltige Gewitterwolken und setzen, begleitet von grellen Blitzen und ohrenbetäubendem Donner, über der Wüste ungeheure Mengen an Wasser frei, sodass sich die dürre Landschaft innerhalb von Minuten in ein Überschwemmungsgebiet verwandelt.

Für die Tiere, die in diesen Wüsten leben, kann diese Flut sogar noch problematischer sein als der Mangel an Wasser. Da hier fast nichts die Wassermassen aufhält, ergießen sie sich als zerstörerische Sturzfluten durch das steinige Gelände und formen die Landschaft mit Gewalt. Wenn Wasser in dieser Form in Erscheinung tritt, ist es keine Quelle des Lebens, sondern eine gefährliche Naturgewalt.

► **Wüstensintflut.** In der Namib-Wüste im Südwesten Afrikas lädt ein kurzes, aber heftiges Gewitter gewaltige Regenmengen über einem kleinen Gebiet ab, die eine Sturzflut auslösen. Die riesigen Regentropfen reißen die sie umgebende Luft mit sich nach unten, was zusätzlich starke Fallwinde entstehen lässt.

▲ **Schnellfresser.** Wanderheuschrecken der Art *Locusta migratoria capito* in ihrer geselligen Schwarmphase fressen auf Madagaskar eine Grünfläche kahl, bevor sie auffliegen, um einen neuen Futterplatz zu suchen. Ein explosionsartiges Anwachsen der Population nach einem Wüstenregen und ein üppiges Nahrungsangebot, gefolgt von neuer Futterknappheit nachdem die Dürre zurückgekehrt ist, haben Veränderungen im Stoffwechsel und Verhalten der Tiere ausgelöst. Die normalerweise als Einzelgänger lebenden Heuschrecken schließen sich zu einem wandernden Schwarm zusammen.

◄ **Wüstenschwarm.** Ein winziger Teil eines einzigen Heuschreckenschwarms, der sich 2015 auf Madagaskar entwickelt hat: Er bestand aus mehreren Milliarden Tieren, fraß täglich schätzungsweise 40 000 Tonnen Pflanzenmasse und bedeckte über 500 Quadratkilometer Land.

Von der Hungersnot zum Festmahl

Ein einzelner plötzlicher Wolkenbruch ist für die meisten Wüstenpflanzen und -tiere hingegen kein Fluch. Das Wasser steht vielleicht nur wenige Stunden an der Oberfläche, bleibt jedoch, wenn es einmal im Boden versickert ist, zumindest für Pflanzen noch immer verfügbar. Wenn also über den Wüsten Afrikas Regen fällt, gehen Samen, die monatelang im Boden ruhten, explosionsartig auf. Mit ihnen fällt auch der Startschuss für eine weitere spektakuläre Entwicklung: für das Auftauchen von tierischem Leben.

Als Wanderheuschrecken – in diesen Regionen ist es häufig die Wüstenheuschrecke *(Schistocerca gregaria)* – bezeichnet man unterschiedliche Arten der Kurzfühlerschrecken *(Caelifera)*, die normalerweise als Einzelgänger leben. Wenn jedoch vorübergehend ein üppiges Nahrungsangebot vorhanden ist, kommt es zu einer explosionsartigen Vermehrung der Heuschrecken. Während die Tiere das Grün auffressen, konzentrieren sie sich zunehmend in der geringer werdenden Vegetation. Die große Nähe, insbesondere körperliche Berührungen, führen zu Hormonausschüttungen in den Insekten und diese wiederum zu körperlichen Veränderungen der Tiere. Sie fliegen in großen Schwärmen los, stets auf der Suche nach neuer Vegetation, auf der sie sich zum Fressen niederlassen. In den Entwicklungsländern können sie die ohnehin empfindliche Landwirtschaft schwer schädigen. Derartige Heuschreckenplagen werden bereits im Alten Testament erwähnt und tauchen auch in ägyptischen Grabmalereien auf.

Die Heuschrecken sind darauf eingestellt, ein reiches Nahrungsangebot schnell und intensiv zu nutzen, da es Jahre dauern kann, bis es wieder zu einer vergleichbaren Menge an Futter kommt. Beobachtern eines solchen Schwarms fallen zuerst einzelne Tiere auf, denen rasch mehr und mehr Heuschrecken folgen, bis der Schwarm buchstäblich den Himmel verdunkelt, bevor die Tiere sich niederlassen, um sich alles frische Grün einzuverleiben. Ein Schwarm kann riesige Gebiete abdecken und aus Milliarden von Individuen bestehen. Sie verschlingen auf ihrem Weg, den sie in einem Tempo von etwa 20 Kilometern pro Stunde zurücklegen, jeglichen Pflanzenwuchs. Schneller, als sich die Wüste aus einem schmutzigen Gelbbraun in Grün verwandelt hat, fressen diese riesigen Insektenschwärme alles wieder kahl.

► **Beobachtungsposten Saguaro.** In der Sonora-Wüste in Arizona sitzt ein Wüstenbussard *(Parabuteo unicinctus)* auf einem Saguaro-Kaktus *(Carnegiea gigantea)* und hält nach kleinen Säugetieren Ausschau, die zwei weitere Bussarde aufzuscheuchen versuchen, die mit ihm im Team zusammenarbeiten. Die Wüstenbussarde sind die einzigen Raubvögel, von denen bekannt ist, dass sie gemeinsam jagen, was in einer Wüstenlandschaft sinnvoll ist, in der es nur wenige Beutetiere, aber sehr viele stachlige Verstecke gibt.

Eine stachlige Angelegenheit

Eine spezielle Pflanzenfamilie, die Kakteengewächse *(Cactaceae)*, hat sich so entwickelt, dass sie wertvolle Flüssigkeit speichert und dadurch den Wechsel von Überfluss und Entbehrung übersteht. Es gibt etwa 1500 Arten in den Wüsten Nord- und Südamerikas, aber mit *Rhipsalis baccifera* nur eine, die in Afrika heimisch ist. Kakteen wurden jedoch von Menschen auch in vielen anderen Gegenden der Welt eingeführt. Der bei Weitem größte und eindrucksvollste Kaktus von allen ist der Saguaro *(Carnegiea gigantea)*, der klassische Wüstenkaktus von New Mexico und Arizona. Dieser Kaktus, Requisit in zahllosen Westernfilmen, kann 150 Jahre alt und bis zu 20 Meter hoch werden. Auch dieser Riese arbeitet mit einem raffinierten Trick. Bei ergiebigem Regen kann er in den folgenden 24 Stunden bis zu einer Tonne Wasser aufsaugen. Anschließend muss der Saguaro seinen Ertrag vor Tieren schützen, die diese wertvolle Ressource gerne nutzen würden. Hierzu trägt er praktisch über seine gesamte Oberfläche verteilt ein Schutzschild aus langen scharfen Stacheln.

Viele kleinere Wüstenbewohner machen sich die Verteidigungsanlage des Saguaro als Festung zunutze, die sie vor Räuben schützt. Sie leben entweder dauerhaft zwischen seinen Stacheln oder flüchten sich gelegentlich in den Schutz dieser Abwehranlage. Ein besonders schlauer Räuber hat jedoch gelernt, diese Verteidigungsanlagen zu umgehen. Die Wüstenbussarde *(Parabuteo unicinctus)* sind in der Wüste lebende Greifvögel, die gemeinsam auf Beutezug gehen. Zuerst erspäht ein Kundschafter, der oben auf einem Saguaro postiert ist, die Beute, meistens ein kleines Säugetier. Gelingt diesem bei einem Angriff aus der Luft die Flucht in die scheinbare Sicherheit zwischen den Kaktusstacheln, ist die Jagd noch längst nicht vorüber. Jetzt kommt eine Bodentruppe ins Spiel, einige Bussarde stelzen durch den Kak-

▲ **Speisekammer eines Metzgervogels.** In einem Wüstengebiet im US-Bundesstaat New Mexico bedient sich ein männlicher Louisianawürger *(Lanius ludovicianus)* in seiner Speisekammer – den spitzen Blättern einer Palmlilie *(Yucca)*, auf die er kleine Eidechsen aufgespießt hat. Mit diesen toten Tieren füttert er seine Jungen.

◄ (oben) **Jagendes Duo.** Zwei Wüstenbussarde *(Parabuteo unicinctus)* jagen ein kleines Säugetier, wobei sie in rasantem Tempo durch das Gewirr der Kaktusstacheln steuern, während ihre potenzielle Beute auf der Suche nach einem Versteck durch das Gestrüpp hetzt.

◄ (unten) **Bodenpatrouille.** Während die anderen aus der Luft jagen, durchstreift ein Bussard zu Fuß das Gestrüpp, um Tiere aufzuscheuchen. Am Ende wird die Beute geteilt.

teenwald und versuchen, das Tier aus seinem Versteck zu vertreiben. Behält das Beutetier die Ruhe, wird es möglicherweise davonkommen. Gerät es jedoch in Panik und läuft wieder los, schlagen andere Bussarde von ihren Aussichtsplätzen auf den Saguaros aus zu, bis einer das Tier unweigerlich mit seinen tödlichen Krallen packen kann.

Wüstenbussarde sind die einzigen der mindestens 300 tagaktiven Raubvögel der Welt, die gemeinsam auf Beutezug gehen. Dieses Verhalten wird als Reaktion auf den Saguaro-Kaktus gesehen. Ihre Kooperationsfähigkeit macht Wüstenbussarde bei Falknern ausgesprochen beliebt, da sie leicht abgerichtet werden können und schnell lernen.

Ein anderer, viel kleinerer Räuber, der Louisianawürger *(Lanius ludovicianus)*, zieht aus den Stacheln des Saguaro ebenfalls seinen Vorteil. Er nutzt sie jedoch als »Fleischerhaken«, auf denen er seine Opfer aufspießt. Er ist ein Singvogel, jedoch mit einem beeindruckend gebogenen Schnabel und einer Vorliebe für kleine Vögel, große Insekten, Amphibien, Reptilien und Nager. Wie andere Würger auch, spießt er seine größeren Opfer häufig auf Dornen und Stacheln auf, manchmal, um sie leichter zerlegen zu können, aber auch, um sie dort zu lagern. Dieses Vorgehen hat ihm den sehr aussagekräftigen Beinamen »Metzgervogel« eingetragen.

Die großen Säufer

Alles Leben braucht Wasser, auch in der Wüste. Für einige kleinere Tiere enthält ihre Nahrung bereits genügend Flüssigkeit. Für die größeren jedoch, die teilweise in riesigen Herden durch die Wüsten der Welt streifen, ist das keine Option: Sie müssen saufen. Aus diesem Grund haben zum Beispiel die durch die Kalahari- und Namib-Wüste Südwestafrikas ziehenden Wildtierherden immer nur ein Ziel: das nächste Wasserloch.

Afrikanische Elefanten *(Loxodonta africana)* sind die größten Landsäugetiere der Welt – und auch bei Weitem die durstigsten. Obwohl Wüstenelefanten im Durchschnitt kleiner und leichter als ihre Graslandverwandten sind, muss eine Elefantenmutter immer noch über 200 Liter Wasser pro Tag zu sich nehmen, um genügend Milch für ihr Kalb zu produzieren. Natürlich braucht sie auch für sich selbst Wasser und hält es nicht länger als drei Tage aus, ohne zu saufen, sodass es lebenswichtig ist, immer rechtzeitig eine Süßwasserquelle zu finden.

► **Herrinnen der Wüste.** Eine Elefantenkuh *(Loxodonta africana)* zieht mit ihren Kälbern auf der Suche nach Futter und Wasser durch ein trockenes Flussbett. Die Elefanten sind an das Leben in der Wüste in der Region Kunene in Namibia angepasst. Sie sind, wohl aufgrund des begrenzten Nahrungsangebots, kleiner als die der Savanne, und ihre Füße haben eine vergrößerte Sohlenauflage, vermutlich weil sie weite Strecken auf Sand zurücklegen.

▼ **Mütterliche Fürsorge.** Eine Mutter spendet ihrem Jungen bei der Wanderung am frühen Morgen mit ihrem eigenen Körper Schatten. Diese an das Wüstenleben angepassten Elefanten können mehrere Tage ohne Wasser überleben, allerdings nicht in der Zeit, in der sie ihre Kälber säugen.

Elefanten ziehen in der Trockenzeit mehrere Hundert Kilometer weit umher, angeführt von einer Matriarchin, der ältesten und erfahrensten Kuh der Herde. Sie behält zurückgelegte Wege zuverlässig im Gedächtnis, sodass sie sich stets daran erinnert, wo früher einmal Wasser gefunden wurde. Sie findet den Weg dorthin über große Entfernungen wieder, selbst in Gelände, das häufig wenig Orientierungspunkte bietet. Manchmal ist das Wasser auch unter der Oberfläche verborgen. Dann verlässt sich die Leitkuh auf ihren feinen Geruchssinn, um das verborgene Nass zu finden, und gräbt mit ihren kräftigen Füßen danach. Ihre Fähigkeiten sind überlebenswichtig, für sie selbst wie für die ganze Herde. Wenn ein Tier Wasser gefunden hat, sind seine Probleme jedoch nicht unbedingt gelöst. Es kommt vor, dass Elefantenkühe und ihre Kälber durch aggressive Herden junger Elefantenbullen von einer Tränke verdrängt und gezwungen werden weiterzuziehen, um woanders Wasser zu suchen.

Die Wüste des Great Basins im Südwesten der USA, zwischen der Sierra Nevada im Westen und den Rocky Mountains im Osten, ist das größte zusammenhängende Wüstengebiet des Landes. Dort bringt die Wasserknappheit Tiere, die normalerweise nicht in der Wüste beheimatet sind, dazu, miteinander zu kämpfen. Mustangs, verwilderte Hauspferde *(Equus ferus caballus)*, sind die klassischen Pferde des Wilden Westens, einige Herden schlagen sich selbst in ausgesprochen kargen Regionen noch durch. Sie stammen von domestizierten Pferden ab, die absichtlich oder versehentlich in Freiheit gelangten. Eine Erklärung für die Herkunft der Bezeichnung Mustang bezieht sich auf den spanischen Begriff *mestengo* für »herrenloses, streunendes Tier«. Mit der Zeit haben diese Herden die meisten Merkmale der Domestizierung verloren. Ein Mustanghengst wird normalerweise von einem Harem von Stuten begleitet. Wenn gegen Ende der Trockenzeit die Wasserstellen kleiner und kleiner werden und die Herden mit ihren Leithengsten sich dort unvermeidlich zunehmend in die Quere kommen, gibt es fast immer Ärger.

Die Kämpfe sind kurz, aber heftig, begleitet von Aufbäumen, Ausschlagen und Beißen. Sie können durchaus tödlich ausgehen: Schlägt ein Hengst im falschen Winkel aus, kann er seinem Gegner ein Bein oder den Kiefer brechen, was für diesen einen langsamen Tod in der unerbittlichen Wüstenhitze bedeutet.

◄ **Duell am Wasserloch.** Zwei Leithengste, von denen jeder einen Harem aus Stuten hat, kämpfen neben einem Wasserloch. Im US-Bundesstaat Nevada wird die Anzahl von Wildpferden, die in Wüstengebieten leben, durch den Wassermangel begrenzt. Wenn sich die Herden in der Fortpflanzungszeit an Wasserstellen begegnen, kommt es beim Werben um die Stuten zu Streitereien, die zu gefährlichen Kämpfen ausarten können.

Taktiken am Wasserloch

In der Wüste Wasser zu finden und auch genügend davon zu bekommen ist für die Lebewesen, deren Aktionsradius begrent ist, noch schwieriger. Das gilt zum Beispiel für Jungvögel in ihren Nestern. Flughühner *(Pteroclidae)* sind eine wichtige Familie von Wüstenvögeln mit 16 Spezies, die in Afrika, Asien und Südeuropa vorkommen. Alle sind sie taubenähnliche Vögel mit langem Schwanz und einem Gefieder in »Tarnfarben«. Eine Art, das Nama-Flughuhn *(Pterocles namaqua)*, lebt in den Wüsten und Halbwüsten Südafrikas. Futter- und Wasserquellen sucht es in großen Schwärmen. Die Hennen legen die Eier in flache Vertiefungen im Wüstenboden, weit weg von den meisten Räubern – was aber auch bedeutet: weit weg vom Wasser. Diese Art hat jedoch eine geniale Methode entwickelt, die Küken mit Wasser zu versorgen.

Jeden Morgen in der Dämmerung fliegen die Männchen in großen Schwärmen zum nächsten Wasserloch. Während sie dort trinken, saugen die besonders verdickten Brustfedern eines jeden Tieres wie ein Schwamm bis zu 20 Milliliter Wasser auf. Das ist aureichend, um den Durst ihrer Küken zu stillen.

▲ **Vorsicht beim Trinken!** Ein Großer Singhabicht *(Melierax canorus)* greift einen Schwarm von Nama-Sandhühnern *(Pterocles namaqua)* an, die in der Namib-Wüste an einem Wasserloch trinken. Diese in der Wüste lebenden Singhabichte müssen ihre Beute weder suchen noch ihr auflauern. Da die Flughühner unbedingt trinken müssen, warten die Habichte einfach am Wasserloch auf den passenden Moment.

▲ **Vaters Federschwamm.** In seiner Nistmulde mitten in der Wüste sitzend, saugt ein Nama-Flughuhnküken *(Pterocles namaqua)* Wasser aus den Brustfedern seines Vaters. Der hat sein schwammartiges Gefieder mit Wasser getränkt, während er selbst an einem kilometerweit entfernten Wasserloch getrunken hat. Jede Brustfeder kann ein Mehrfaches ihres Gewichts an Wasser festhalten.

Dabei setzen sie sich jedoch selbst einem großen Risiko aus, denn Wasserlöcher ziehen naturgemäß Räuber an, für die ein Schwarm nicht übermäßig agiler Vögel, der am Ufer landet, ein willkommenes Frühstücksbuffet darstellt. Große Singhabichte *(Melierax canorus)*, schlanke langbeinige Greifvögel mit schiefergrauem Gefieder und leuchtend orangerotem Schnabel, warten bereits am Wasserloch. Sie bemühen sich noch nicht einmal, sich zu verstecken, da sie wissen, dass die Flughühner keine Wahl haben: Sie müssen zum Trinken kommen, bevor die Sonne zu hoch am Himmel steht.

Sobald der Schwarm angekommen ist, fliegen die Großen Singhabichte schnell und niedrig über dem Boden ihre Angriffe. Die Flughühner wiederum, die wissen, dass sie beim Trinken angreifbar sind, haben im Schwarm Späher, die immer Ausschau nach irgendwelchen Bewegungen halten. Sie schlagen normalerweise rechtzeitig Alarm, und der Schwarm kann auffliegen, bevor die Habichte ihn erreichen. In der Regel sind es Nachzügler vom Rand des Schwarms, die trotzdem gefangen und zu Futter für die Jungen des Großen Singhabichts werden, die irgendwo in der Nähe in sicherer Höhe im Nest sitzen.

Wüsten als Barrieren und lebensrettende Oasen

Die Flughühner haben sich zwar an das Leben in der Wüste angepasst, für die meisten Vögel jedoch ist sie ein fremder Lebensraum. Dennoch müssen zweimal im Jahr Millionen von Singvögeln mit der Sahara eine der größten Wüsten überhaupt überfliegen, um zu ihren Nistplätzen in Europa und Asien oder zurück in ihre Winterquartiere in Afrika zu gelangen.

Für viele, insbesondere für Jungvögel auf ihrem ersten Vogelzug im Herbst nach ihrer Geburt, ist diese Herausforderung zu groß. Nachdem sie das sichere Nest verlassen haben und es ihnen gelungen ist, den Sommer über Räubern zu entkommen, müssen sie sich nun auf eine wahrhaft heroische Reise in den Süden machen, manchmal über viele Tausend Kilometer. Vor dem Start fressen kleinere Spezies, wie Grasmücken *(Sylvia)*, Schmätzer *(Saxicolinae)* und Fliegenschnäpper *(Muscicapidae)* ständig. Dabei verdoppeln sie ihr Gewicht beinahe, indem sie direkt unter der Haut eine Fettschicht als Energiereserve anlegen.

Haben sie das erledigt, warten sie auf geeignete Startbedingungen: im Idealfall ein klarer Himmel und leichter Wind. Wie die meisten wandernden Singvögel fliegen sie nachts, wenn die Luft kühler ist, sodass sie schneller unterwegs sind und tagaktiven Räubern, wie Greifvögeln, ausweichen.

Die erste Hürde ist die Überquerung des europäischen Kontinents, gefolgt vom Mittelmeer. Dann muss die bedeutendste Barriere von allen bewältigt werden, die Sahara. Sie stellt ein gewaltiges Hindernis dar, denn die Vögel können sie nicht in einer einzigen Nacht überfliegen. Daher sind Orte wie die Oase bei Merzouga in Marokko lebenswichtig. Dattelpalmen um kleine Wassertümpel bieten eine Zuflucht, vor allem aber gibt es Futter und Wasser. All dies ist essenziell, wenn die winzigen Vögel ihre anstrengende Wüstenüberquerung überleben sollen.

Mörderische Hitze

Wassermangel ist nicht das Einzige, was ein Wüstentier umbringen kann. Die Temperaturen können selbst im Schatten Werte von 50 Grad Celsius erreichen, und der Wüstenboden wird noch einmal deutlich heißer. Das ist für jedes höhere Lebewesen definitiv lebensbedrohlich. Allerspätestens wenn die Sonne den Zenith erreicht, muss jedes Tier eine Strategie haben, um mit der Hitze zurechtzukommen. Es kann zum Beispiel die Zeit begrenzen, die es im Freien verbringt. Ist es dort, wird es versuchen, seinen Körper ausreichend weit vom Boden entfernt zu halten und so wenig Kontakt wie möglich mit dem Sand zu haben.

▲ **Sandschläfer.** Eine Zwergpuffotter *(Bitis peringueyi)* wartet auf Beute, wobei sie im schattigen Gleithang einer Düne fast vollständig im Sand begraben ist. Durch ihre oben auf dem Kopf sitzenden Augen kann sie trotzdem etwas sehen. In der Hitze des Tages gräbt sie sich ein und taucht nur in der Dämmerung auf oder wenn der Himmel bedeckt ist. Dann schlängelt sie sich auf der Suche nach Eidechsen und Nagern über die Dünen. Sie beißt ihre Beute, wobei sie ihr Gift injiziert. Anschließend hält sie sie fest, bis sie außer Gefecht ist und hinuntergeschluckt werden kann.

▶ (nächste Seite) **Stürmische Zeiten.** Ein Habub, der aussieht wie ein nahender Regensturm, fegt am Rand der Sahara im Sudan heran. Verursacht wurde er durch Niederschlag, hauptsächlich in Form von Eiskristallen, der verdunstet, noch bevor er den Boden erreicht. Das davon hervorgerufene enorm schnelle Absinken extrem kalter Luft hat Sand und Sediment zu einem Sturm aufgewirbelt.

Schlangen, die auf die Wüste spezialisiert sind, wie die Seitenwinder-Klapperschlange *(Crotalus cerastes)* im Südwesten Nordamerikas und die Zwergpuffotter *(Bitis peringueyi)* in Namibia und Angola, können sich unter einer Sandschicht verstecken und einfach auf Opfer warten – in der Regel Eidechsen oder kleine Nagetiere. Kommt ein Opfer vorbei, bricht die Schlange aus ihrem Versteck hervor, schnappt sich das Tier und zieht sich an einen kühleren, schattigen Platz zurück, um ihr Mahl in Ruhe zu verdauen.

In der Zeit zwischen der relativ kühlen Morgendämmerung und der glühenden Mittagshitze heizt sich der Boden auf, wodurch eine unablässige Luftbewegung entsteht, eine stete Brise, die den Wüstensand bewegt. Dies kann in extremen Fällen zu massiven Sandstürmen führen. Steine in der Wüste bekommen durch eine natürliche Sandstrahlbehandlung so ihre charakteristischen Formen. Sobald die Sonne untergeht, legt sich der Sturm, und die Unruhe und das Getöse weichen einer gespenstischen Stille.

Der fliegende Skorpion-Killer

Wer in der Wüste nur nachts aktiv ist, vermeidet Sonne und Wind. Deshalb entscheiden sich viele Wüstentiere für ein nacht- beziehungsweise dämmerungsaktives Leben, tauchen in der Dämmerung auf und ziehen sich in ihre Schlupfwinkel zurück, sobald die Sonne aufgeht. Wenn in der Wüste Negev in Israel die Sonne hinter dem Horizont verschwindet und die Sterne am Nachthimmel zu funkeln beginnen, taucht eine ganze Schar erstaunlicher Lebewesen auf, um ihr nächtliches Werk zu beginnen. In dieser dunklen Welt sind Hör- und Tastsinn wichtig, um sich zurechtzufinden, nach Futter zu suchen und selbst nicht gefressen zu werden.

Gelbe Mittelmeerskorpione *(Leiurus quinquestriatus)* nehmen Geräusche als über den Boden übertragene Vibrationen mit ihren Krallen wahr. So können sie auch mit erstaunlicher Genauigkeit Beute lokalisieren. Auf ihrem Speiseplan stehen kleinere Insekten und andere Wirbellose, wie Spinnen, die von den kräftigen Scheren des Skorpions zerlegt werden. Aber selbst diese Räuber haben ihre Erzfeinde.

Während der Gelbe Mittelmeerskorpion sich gerade an seiner Beute gütlich tut, kann wie aus dem Nichts ein Wüstenlangohr *(Otonycteris hemprichii)* auf ihn herabstoßen. Die Fledermaus profitiert von der Tatsache, dass der Skorpion Räuber, die von oben angreifen, kaum wahrnehmen kann. Der Skorpion hat allerdings eine Verteidigungswaffe: Er gehört zu den giftigsten Skorpionen der Welt. Die Fledermaus hat jedoch nicht einmal Bedenken, ihr Opfer am Schwanz mit dem gefährlichen Stachel zu packen, was darauf hindeutet, dass diese spezielle Art gegen das Gift immun ist. Der Skorpion ist deutlich größer als die übliche Beute der Fledermaus – kleine fliegende Insekten –, die so mit beinahe demselben Energieaufwand eine weitaus nahrhaftere Mahlzeit erbeuten kann.

Für die Skorpione am Boden hat die Fledermaus eine spezielle Jagdmethode: Sie schaltet ihr System der Echoortung von der üblichen Methode, Schreie auszustoßen, deren Schallwellen von schnell fliegenden Insekten zurückgeworfen werden, auf eine leisere Methode um. In der letzten Jagdphase werden die Skorpione anhand der von ihren Bewegungen erzeugten Primärgeräusche lokalisiert. In der Wüste, wo man sich eine ineffiziente Jagd nicht leisten kann, verschafft dies der Fledermaus einen enormen Vorteil.

Der Skorpion hat jedoch eine Chance. Wenn er vollkommen reglos bleibt, kann ihn die Fledermaus am Wüstenboden nicht hören und verfehlt ihr Ziel. Dann muss sie durchstarten und die Jagd erneut beginnen.

▶ **Eine kräftige Mahlzeit.** Nachdem ein Wüstenlangohr *(Otonycteris hemprichii)* einen Skorpion mittels Schallwellen lokalisiert hat – zuerst aus der Luft mithilfe »flüsternder« Echoortung, dann durch direktes Hören –, hat es ihn getötet und innerhalb weniger Minuten gefressen, den Kopf zuerst. Nun stößt es Echoortungsschreie aus, um gleich darauf wieder abzuheben.

Nächtliche Taktiken

Alle Fledermäuse navigieren und jagen in der Dunkelheit durch Echoortung. Dabei stoßen sie Ortungslaute aus und analysieren deren Echo, das von Objekten zurückgeworfen wird. Das Wüstenlangohr hat riesige Ohren, die wie Parabolschüsseln wirken und Echos verstärken, sodass die Fledermaus selbst schnell fliegende Insekten präzise orten kann. Das Lokalisieren auf dem Wüstenboden ist schwieriger und lohnt sich nur für eine große Mahlzeit, wie einen Skorpion. Der Gelbe Mittelmeerskorpion kann die Anwesenheit von Fledermäusen jedoch anhand ihrer Laute wahrnehmen und eine Gegenmaßnahme einleiten – er verharrt reglos. Nur wenn er sich bewegt, kann die Fledermaus ihn am Boden aufgrund der dabei entstehenden Geräusche lokalisieren. Da jedes der beiden Tiere versucht, das andere zu überlisten, kann die Jagd eine Weile andauern.

1 Anflug. Ein Wüstenlangohr hat einen Skorpion geortet und landet, wobei es die Echoortung einstellt, wahrscheinlich, damit der Skorpion seine Annäherung nicht spürt. Bleibt der Skorpion reg- und lautlos, wird ihn die Fledermaus nicht finden und vielleicht sogar über ihn hinweglaufen.

2 Zielausrichtung. Auf ihren Handgelenken laufend, die riesigen Ohren auf das Geräusch des sich bewegenden Skorpions fokussiert, ist die Fledermaus kurz davor zuzuschlagen. Der Skorpion hat seinen genauen Standort verraten, indem er hastig mit aufgerichtetem Stachel und Zangen in Kampfstellung gegangen ist.

3 Angriff und Fehlschlag. Die Fledermaus verfehlt ihr Ziel beim ersten Biss, da der Skorpion aber zum Gegenangriff ansetzt und so erneut seine Position verrät, ist der Kampf für ihn verloren. Selbst Stiche ins Gesicht der Fledermaus sind wirkungslos.

4 Schütteln und Beißen. Nachdem die Fledermaus den Skorpion gepackt hat, schüttelt sie ihn kräftig, wahrscheinlich um zu verhindern, dass die Scheren zupacken oder der Stachel weiter zustößt, auch wenn sie gegen das Skorpiongift immun zu sein scheint und die Giftdrüse sogar mitfressen wird.

Dünenhaie und Nebeltrinker

Ein Raubtier in der Namib-Wüste ist ein so ausdauernder Jäger, dass es den Beinamen »Dünenhai« erhalten hat. Dabei ist der Wüstengoldmull *(Eremitalpa granti)* nicht nur klein – seine maximale Länge beträgt neun Zentimeter –, sondern auch blind, sodass er sich auf sein feines Gehör verlassen muss, um Beute, hauptsächlich Termiten, zu jagen. Er kann mit dem Wasser überleben, das er aus seinem Futter bezieht. Mit dem Maulwurf ist er nicht verwandt, Ähnlichkeiten sind das Ergebnis einer sogenannten konvergenten Entwicklung, einer ähnlich verlaufenen Anpassung an vergleichbare Umgebungen.

Der Wüstengoldmull hat kräftige Vorderklauen, um im Sand zu graben, zusätzlich nutzt er dazu auch seine keilförmige Schnauze. Er gräbt jedoch kein Gangsystem, wahrscheinlich weil er in den Dünen lebt, in denen der Sand ohnehin wandert, sondern er gräbt sich ein, um tagsüber Schutz vor der Hitze zu finden, und kommt erst in der Dämmerung heraus, um zu fressen. Dann »schwimmt« er knapp unter der Oberfläche im Sand oder

▲ **Lauschen im Sand.** Kopfunter horcht der völlig blinde Wüstengoldmull *(Eremitalpa granti)* auf die Bewegungen seiner Lieblingsbeute, Termiten. Er jagt nachts, wobei er sein scharfes Gehör nutzt.

▶ **Schwimmen im Sand.** Ein Wüstengoldmull durchpflügt den weichen Sand eines Dünenkamms. Seine Fortbewegung ist ein Wechsel von »Schwimmen« direkt unter der Sandoberfläche und einem Durchpflügen der Oberfläche, wobei er jeweils nach ein paar Schritten den Kopf in den Sand steckt, um zu horchen und zu orten. Bei Sonnenaufgang buddelt sich der Mull in die Düne ein und wartet regungslos auf den Abend.

durchpflügt ihn an der Oberfläche, wobei er auf die Vibrationen saftiger Termiten oder anderer kleiner Beutetiere achtet.

Eine andere Gruppe von Tieren in der küstennahen Namib-Wüste hat eine geniale Lösung für das Problem gefunden, in einer Wüste Feuchtigkeit zu finden. Nebeltrinkerkäfer *(Onymacris unguicularis)* gewinnen ihr Wasser aus der Luft. Im Morgengrauen streicht Nebel von der nahen Küste über die Wüste. Er bildet sich, wenn die warme feuchte Luft, die von Südwesten über das Meer herangetragen wird, durch den sehr kalten küstennahen Benguelastrom abgekühlt wird. Nach Sonnenaufgang löst sich der

Nebeltrinker. Wenn der Nebel über der Namib-Wüste heranströmt, nehmen die Nebeltrinkerkäfer *(Onymacris unguicularis)* ihre charakteristische Position auf dem Kamm einer Sanddüne ein. Sie trinken die Flüssigkeit, die sich auf ihren Flügeldecken sammelt und zu ihrer Mundpartie hinunterläuft – eine spärliche, aber verlässliche Wasserquelle.

(nächste Seite) **Dünen-Meer.** Seenebel treiben über die küstennahen Dünen der Namib-Wüste und bringen lebensspendende Feuchtigkeit.

Nebel jedoch schnell auf, daher klettern die Käfer vor Sonnenaufgang auf den Kamm einer Sanddüne, richten ihre Körper in einen bestimmten Winkel zur ankommenden Brise auf und warten einfach ab. Auf ihren Körpern kondensieren winzige Tröpfchen Feuchtigkeit aus dem Nebel und laufen in speziellen Rinnen zu ihren Mundöffnungen, sodass sie die kostbare Flüssigkeit trinken können. Der harte Panzer des Käfers hat hydrophobe Abschnitte, die Wasser abstoßen, und hydrophile Abschnitte, an denen sich das abgestoßene Wasser sammelt. So kann der Käfer den Wasserfluss auf seinem Körper optimal steuern.

Wüstenjäger

Wenn wir an einen Lebensraum von Löwen denken, haben wir das Grasland der ostafrikanischen Savannen vor Augen. Aber in Namibia lebt eine besondere Population von Löwen *(Panthera leo bleyenberghi)* in der Wüste. Sie hat sich an das Überleben in dieser trockenen und äußerst anspruchsvollen Umgebung angepasst.

Die Namib-Wüste erstreckt sich über 2000 Kilometer entlang der Skelettküste und bis zu 200 Kilometer ins Binnenland. In der Vergangenheit traten Löwen relativ häufig in den Küstenregionen, den Bergen und in der Wüste in der Nähe von ephemeren, also vorübergehenden, Flussläufen auf. Es gab auch Berichte über Löwen, die entlang der Küste auf

▲ **Wüstenrudel.** Eines der kleinen Löwenrudel *(Panthera leo bleyenberghi)*, die in der Namib-Wüste leben, überquert auf Nahrungssuche die Dünen auf seinem Weg zu einer Oase. Oryx-Antilopen *(Oryx)*, Springböcke *(Antidorcas)* und Strauße *(Struthio camelus)* bilden den Hauptteil der Beute.

Futtersuche waren und Seebären *(Arctocephalus pusillus)* und dort brütende Meeresvögel jagten und gelegentlich sogar einen gestrandeten Wal ergatterten. Heute haben sich die Reviere der verbliebenen Rudel weiter ins etwas wasserreichere Binnenland verlagert, wo bessere Aussichten auf größere Beutetiere bestehen, wie Oryx-Antilopen *(Oryx)*, Zebras *(Equus quagga)*, Springböcke *(Antidorcas)* und sogar Giraffen *(Giraffa camelopardalis angolensis)*, da alle Säugetiere der Wüste regelmäßig zum Trinken kommen müssen. Wie alle Löwen sind sie opportunistisch und jagen sowohl nachts als auch tagsüber, wobei sie normalerweise in der Hitze des Tages ruhen.

Menschliche Besiedlung gibt es nur in den Randbereichen der Wüste, dort kommt es dann aber auch vermehrt zu Konflikten zwischen Löwen und Farmern, welche die Löwen einfangen, vergiften oder erschießen.

Obwohl der Ökotourismus und auch der in Namibia legale Trophäenjagdtourismus immer mehr Besucher hierherführen und beide Gruppen von Touristen auch an diesen außergewöhnlichen Löwen interessiert sind, gelangt kaum etwas von den damit erzielten Einnahmen bis zu den örtlichen Gemeinden, was für Verbitterung sorgt.

Um mehr über die Lebensweise der Löwen in der Wüste zu erfahren und Wege zu finden, um Konflikten mit den Menschen vorzubeugen, haben Wissenschaftler einige Löwen mit GPS-Halsbändern versehen. Ein Löwenmännchen wurde so über zwei Jahre lang beobachtet, und es legte in dieser Zeit in einem Gebiet, das ungefähr die Größe von Nordrhein-Wesfalen hatte, beinahe 13 000 Kilometer zurück, das entspricht einmal der gesamten Länge Afrikas von Nord nach Süd und wieder zurück! Noch nie wurde beobachtet, dass ein Löwe in so relativ kurzer Zeit so weit herumgekommen ist. Im August 2014 wurde der Löwe erschossen, ein Schicksal, das er mit immer mehr Löwen auf dem gesamten afrikanischen Kontinent teilt, weshalb die Spezies inzwischen als bedroht gilt.

▶ **Lange Suche.** Das Rudel durchstreift einen großen Dünengürtel auf der Suche nach einem vermissten Junglöwen. Wüstenlöwen *(Panthera leo bleyenberghi)* haben außergewöhnlich große Reviere, in denen ein Rudelmitglied schnell einmal verloren gehen kann.

▼ **Brüderlichkeit.** Zwei der fünf männlichen Jungtiere des Rudels jagen sich spielerisch. Das ist nützlich für ihre Bindung und zur Verbesserung ihrer Jagdfertigkeiten. Anders als die Weibchen verlieren männliche Löwen im Erwachsenenalter jegliche Verspieltheit.

Wettlauf ums Überleben

Die Wüstenlöwen in Namibia *(Panthera leo bleyenberghi)* machen gelegentlich Jagd auf sehr große Beutetiere: ausgewachsene Giraffen *(Giraffa camelopardalis angolensis)*, die fast sechs Meter hoch und bis zu anderthalb Tonnen schwer sein können. Zumindest bei einem Rudel wurde beobachtet, dass die Giraffenjagd zum eingeübten Repertoire der Tiere gehörte. Die Weibchen bringen bereits dem Nachwuchs bei, wie jeder im Rudel spezielle Rollen übernehmen muss, damit eine Giraffe in die Enge getrieben, zu Boden gebracht und getötet werden kann. Bei einer so großen Beute und unter den übersichtlichen Bedingungen in der Wüste liegen die Chancen meist nicht aufseiten der Löwen, im Gegenteil: Die Gefahr, durch einen Tritt ernsthaft verletzt zu werden, ist groß. Mit zunehmender Rudelgröße und bei passendem Terrain steigt die Erfolgsquote der Räuber jedoch.

1 Die Hetzjagd. Zwei Löwen jagen eine Giraffe auf die gegenüberliegende Seite eines trockenen Flussbettes, wo ein dritter Löwe bereits niedergekauert wartet. Die gemeinsame Jagd ist für Löwen in der Wüste der Schlüssel zum Erfolg.

2 Der Angriff. Die älteste Löwin des Rudels, die auf die Giraffe gewartet hat, unternimmt einen beherzten Sprung an den Hals der Giraffe.

3 Der Sturz. Durch den Vorwärtsschwung der Giraffe kann die Löwin am Körper des Beutetiers keinen Halt finden.

4 Die Tritte. Als die Löwin stürzt, verpasst ihr die Giraffe mehrere Tritte, die im schlimmsten Fall Knochen brechen können. Aber die Löwin entkommt ohne ernsthafte Verletzungen, ebenso wie die Giraffe.

Ein vorübergehendes Paradies

Die Zähigkeit der Wüstenpflanzen und -tiere und die vielen außergewöhnlichen Vorgehensweisen, die sie sich angeeignet haben, um in dieser harten Umgebung leben zu können, sind bewundernswert. Gelegentlich ist jedoch kaum eine Anstrengung nötig, wenn nur das Timing stimmt. Unter bestimmten Bedingungen, die in der Regel nur einmal alle paar Jahre eintreten, kann die Wüste explosionsartig zum Leben erwachen.

In Peru, in den küstennahen Ausläufern der Atacama-Wüste, dem trockensten Ort der Welt, liegt das Naturschutzgebiet Lomas de Lachay. Dieses dürre Land wird vom Nebel verwandelt, der nicht so regelmäßig erscheint wie in der Namib, aber immerhin während der Nebelsaison von Juni bis November. Was das restliche Jahr Wüste ist, wird zu einem grünen Paradies, das Scharen von Vögeln, Säugetieren und Insekten anzieht, die alle diese Zeit des Überflusses genießen wollen. Durch die Feuchtigkeit aus dem

▲ **Erstes Sprießen.** Nachdem die ersten Seenebel des Winters durch das trockene Tal im peruanischen Naturschutzgebiet Lomas de Lachay heraufgestiegen sind, beginnt eine Verwandlung. Innerhalb einer Woche fangen die scheinbar abgestorbenen Melonenbäume *(Carica candicans)* an auszutreiben, und Samen, die im Wüstenboden geschlummert haben, beginnen zu keimen.

▲ **Wüstenwiese.** Üppiges Grün bedeckt nun das Wüstental von Lomas de Lachay, bewässert durch den Nebel, der vom Meer heraufsteigt. Innerhalb eines Monats ist aus dem Tal ein Paradies für Vögel, Fledermäuse und Insekten geworden. Die Bäume werden blühen und papayaähnliche Früchte hervorbringen.

Nebel erblüht die Vegetation einschließlich der Bäume, Sukkulenten und Moose, aus deren Blattwerk ständig das aus der Luft kondensierte Wasser tropft. Farbenprächtige Kolibris schwirren von Blüte zu Blüte und saugen Nektar, während Schwärme von Zitronensittichen *(Psilopsiagon aurifrons)* in der Höhe lärmen wie ein Geschwader Kampfjets.

Lomas de Lachay ist nicht der einzige Ort, an dem saisonale Veränderungen Leben in die Wüste bringen: Das australische Outback, die Kalahari-Wüste und viele weitere dürre Orte weltweit kommen gelegentlich in den Genuss von Regen oder Nebel, der wertvolle Feuchtigkeit bringt. Aber selbst wenn es nicht regnet, bietet die Wüste für Tiere, die daran angepasst sind, in ihrem einzigartigen Lebensraum Wasser zu finden, durchaus nicht nur ein Leben, das sie mühsam ertragen können, sondern genau den Platz, an dem sie gedeihen und Erfolg haben.

4

GRASLANDSCHAFTEN

EIN VIERTEL DER LANDFLÄCHE unseres Planeten ist von Gras bedeckt. Von den weiten Ebenen der afrikanischen Savanne über die Pampas Südamerikas und die Steppen Sibiriens bis zu den blumenreichen Heuwiesen Großbritanniens gehört das Grasland zu den fruchtbarsten Lebensräumen der Erde. Es ist zudem unter unterschiedlichsten Gegebenheiten zu finden, am Rand von Wüsten ebenso wie hoch oben im Gebirge und mitten im Regenwald – sogar in küstennahen Gebieten, die zweimal täglich vom Meer überspült werden.

Grasland ist so weit verbreitet, weil Gräser zu den widerstandsfähigsten und anpassungsfähigsten Pflanzen überhaupt zählen. Die Herausbildung größerer Graslandschaften auf dem Planeten begann vor etwa acht Millionen Jahren, als augedehnte Wälder auszutrocknen begannen. Gräser können so niedrig sein wie der Filz auf einem Billardtisch oder höher als ein Elefant. Sie verkraften Feuer und Überflutungen, können abgeweidet werden und sind trittfest, halten Regen, Schnee und der gnadenlosen tropischen Sonne stand. Seit langer Zeit erfüllen Gräser auch die Bedürfnisse des Menschen, sie haben seinen Nutztieren und ihm Nahrung, Getränke – Getreide sind Schlüsselbestandteile in Bier und Whisky –, Baumaterial, Papier und Treibstoff geliefert.

Die Welt des Graslands ist von fortwährendem schnellen und unbarmherzigen Wandel geprägt. Um zu überleben, muss jedes im Grasland lebende Tier, vom mächtigsten Elefanten bis zur kleinsten Zwergmaus, mit Veränderungen zurechtkommen. Die Graslandschaften sind auch die Bühnen für einige der größten Naturschauspiele. Der ewige Wettstreit zwischen Raubtier und Beute lässt sich hier am besten beobachten, ebenso wie die Folgen des Wechsels von Witterung und Jahreszeiten. Die teilweise verborgenen Kämpfe, die ausgetragen werden, um diese Wechsel zu überleben, gehören zu den fesselndsten Ereignissen in den Graslandschaften.

Um eine derart dynamische Welt zu verstehen, hilft es, das Grasland durch die Augen der Tiere zu betrachten. Nehmen wir ein Löwenjunges *(Panthera leo)* – in einem grünen Grasland wird es in ein wahres Paradies

(vorherige Seite) **Räuber über dem Grasland.** Ein Blick aus der Mäuseperspektive auf eine Schleiereule *(Tyto alba)*, die sich hauptsächlich von Nagern im Grasland ernährt, über einer Wiese im englischen Somerset.

◄ **Nutzer des Graslands.** Kaffernbüffel *(Syncerus caffer)* ziehen grasend durch das Okavango-Delta in Botswana, das von den saisonalen Regenfällen in eine üppige grüne Weide verwandelt wurde. Sie werden von Kuhreihern *(Bubulcus ibis)* (rechts oben) begleitet, die sich an den Insekten gütlich tun, die von den Büffeln aus dem Gras aufgescheucht werden.

hineingeboren: ein bequem verfügbares All-you-can-eat-Buffet. Innerhalb seines ersten Lebensjahres jedoch wird es in seiner Graslandheimat dramatische Umbrüche geben. Regen wird Überflutungen verursachen, die Sonne wird das Land austrocknen, und Blitze werden das trockene Gras in Brand setzen. Das Überleben des Löwenjungen hängt davon ab, ob es diese Herausforderungen meistern kann, und das gilt auch für jedes andere Wildtier auf dieser weiten, ungeschützen Fläche.

Der Elefant, der Tiger und das Gras

Man würde erwarten, dass eines der größten Landtiere gut mit Gräsern zurechtkommt. Für einen sehr jungen Asiatischen Elefanten *(Elephas maximus)* stellt über sechs Meter hohes Gras aber durchaus ein Problem dar, vor allem dann, wenn eines der gefährlichsten Raubtiere der Welt – der Tiger *(Panthera tigris)* – darin lauert.

Elefantengras *(Miscanthus giganteus)* ist das höchste Gras der Welt. Man findet diese großartige Pflanze unter anderem im indischen Kaziranga-Nationalpark in Assam im äußersten Nordosten des Landes. Der Park ist ein kostbares Landschaftsmosaik aus nasser Savanne, feuchtem Marschland und tropischem Laubwald, durchzogen von vier großen Flüssen, darunter dem Brahmaputra. Der Park zählt aufgrund seiner außergewöhnlichen Vielfalt an Wildtieren und der dort lebenden global bedeutenden Populationen einiger wichtiger Spezies zum UNESCO-Weltnaturerbe.

Die 2000 Panzernashörner *(Rhinoceros unicornis)* im Park stellen mehr als 70 Prozent des weltweiten Bestandes dar, und die Dichte an Königstigern *(Panthera tigris tigris)* ist höher als in jedem anderen Naturschutzgebiet in Indien, wahrscheinlich ist es sogar die größte der Welt. Es gibt dort gut gedeihende Populationen Wilder Wasserbüffel *(Bubalus arnee)* und Zackenhirsche oder Barasinghas *(Rucervus)* und rund 1300 Asiatische Elefanten – was für diese Art wiederum die größte Dichte weltweit bedeutet.

Die Vegetation, welche diese feuchten Überschwemmungsebenen prägt, die als Lebensraum ebenso bedroht sind wie die Tropenwälder, ist das Elefantengras. Darin verborgen lebt das kleinste Schwein der Welt, das Zwergwildschwein *(Sus salvanius/Porcula salvania)*, das sein Nest aus Elefantengras baut. Dieses vergleichsweise winzige Schwein ist mit wahrscheinlich weniger als 150 noch – ausnahmslos in Assam – lebenden Tieren akut vom Aussterben bedroht, was fast ausschließlich daran liegt, dass seine Graslandheimat verschwindet.

Entscheidend für die Fruchtbarkeit des Kaziranga-Nationalparks ist die jährliche Überflutung als Folge der Monsunregenfälle. Auch wenn die Wassermengen den Tieren kurzfristig Probleme bereiten, halten sie doch das

► **Blick über die Grasspitzen.** Selbst ein Asiatischer Elefant *(Elephas maximus)* hat Mühe, über das hohe Elefantengras *(Miscanthus giganteus)* hinwegzuschauen, das einen Großteil der weiten Überschwemmungsebene im indischen Kaziranga-Nationalpark bedeckt.

► **Gefährlicher Pfad.** Früh am Morgen führt eine Leitkuh auf dem Weg zu einer Wasserstelle die Familie durch das Labyrinth aus Elefantengras. Unterwegs darf gegrast werden. Weil ein Tiger *(Panthera tigris)* im Gras lauern könnte, hält die Mutter ihre Kälber nahe bei sich.

◀ **Streifen im Gras.** Ein Tiger *(Panthera tigris)* bewegt sich verstohlen durch das trockene Elefantengras *(Miscanthus giganteus)* im indischen Kaziranga-Nationalpark. Durch sein gestreiftes Fell ist der Jäger perfekt getarnt.

▶ **Elefantengras.** Eine Elefanten-Matriarchin *(Elephas maximus)* nutzt ihre außergewöhnlichen Orientierungsfähigkeiten, um ihre Familie zum Wasser zu leiten.

dynamische Ökosystem des Parks aufrecht. Die Überschwemmungen verhindern, dass sich Büsche und Bäume ansiedeln, und das Wasser sorgt für die Regeneration der Gräser, die das nötige Futterangebot für die grasenden Tieren liefern. Diese wiederum ziehen Asiens Spitzenräuber an, den Tiger.

Mit Einsetzen des Monsunregens, normalerweise im Juni, wandern die Elefanten Richtung Süden zu den Hügeln von Karbi Anglong. Im Herbst, wenn die Regenfälle aufgehört haben und das Wasser allmählich zurückgeht, ziehen die Elefanten zurück in das Kaziranga-Gebiet, wo das frische Gras ihnen reichlich Nahrung liefert. Die unerfahrenen Elefantenjungen, die das erste Mal diese Wanderung in das Land des hohen Grases mitmachen, kennen dessen Gefahren noch nicht. Sie trödeln gerne, was hier bedeuten kann, dass sie von der Herde getrennt werden, und bis die Mutter merkt, dass ihr Junges verloren gegangen ist, kann es bereits in Lebensgefahr sein.

Elefantengras bildet die perfekte Deckung für einen hervorragenden Jäger, der noch dazu durch sein gestreiftes Fell bestens getarnt ist. Die Dichte an Beutetieren mag nicht ganz so groß sein wie in der Savanne oder im Wald, aber im Elefantengras kann sich ein jagender Tiger seiner Beute nähern, ohne dass diese etwas von seiner Anwesenheit bemerkt. Obwohl die Tiger des Parks in der Regel kleinere Tiere jagen, wie den Sambar *(Cervus unicolor)* und den Zackenhirsch *(Rucervus)*, stehen Elefantenkälber ebenfalls auf ihrem Speiseplan. Allerdings kann ein verirrtes Elefantenjunges zur Not von seiner Stimme Gebrauch machen. Der laute Notruf zeigt der Mutter normalerweise, wo ihr orientierungsloses und in Panik geratenes Jungtier ist, und sie kann es in die Sicherheit der Herde zurückzuholen.

Die Sumpfkatzen

Die drastischen Wechsel der Jahreszeiten im Grasland können für Wildtiere eine Katastrophe bedeuten. Nirgendwo zeigt sich dies dramatischer als im afrikanischen Okavango-Delta in Botswana. Einmal im Jahr überschwemmt der Okavango diese flache Grasebene und bringt beinahe zehn Millionen Tonnen Wasser mit sich. Innerhalb von Wochen sind ausgedehnte Flächen überflutet, und für ein paar Monate, bis das Wasser verdunstet oder von den Pflanzen aufgenommen wurde, muss sich jedes hier lebende Wildtier an eine völlig andere Lebensweise anpassen.

Wenn sich die Wassermassen über diese Überschwemmungsebene verteilen, sprießt das Gras. Daher drängen bis zu 200 000 grasende Großtiere ins Delta: Elefanten *(Loxodonta africana)*, Kaffernbüffel *(Syncerus caffer)*, Gnus *(Connochaetes)*, Nashörner *(Rhinocerotidae)* und zahlreiche Antilopenarten, darunter ein echter Feuchtlandexperte, der Letschwe *(Kobus leche)*, eine afrikanische Antilope aus der Gattung der Wasserböcke. Diesen grasenden Tieren folgen die Raubtiere, wie Leoparden *(Panthera pardus)*, Geparden *(Acinonyx jubatus)*, Hyänen *(Hyaenidae)*, Afrikanische Wildhunde *(Lycaon pictus)* und natürlich Löwen *(Panthera leo)*.

Löwen, die nach Monaten der Trockenheit mit wenigen Beutetieren hungrig und mager geworden sind, müssen dieses reichliche Nahrungsangebot nutzen. So werden sie zu »Sumpfkatzen«, die ihre Beute in dem für sie schwierigen Terrain verfolgen. Sie kämpfen damit, nicht gesehen und nicht gehört zu werden, und wenn die Jagd beginnt, können sie nicht so schnell laufen wie auf trockenem Land. Verborgene Senken bergen die Gefahr, dass sie den Boden unter den Füßen verlieren, und unter der glitzernden Oberfläche liegen Krokodile *(Crocodylus niloticus)* auf der Lauer. Das reichhaltige Angebot an Beutetieren bedeutet jedoch, dass die Chancen im großen Spiel des Lebens im Grasland dennoch zugunsten der Löwen stehen.

▶ **Löwe von links.** Ein Löwe *(Panthera leo)* durchquert im Okavango-Delta in Botswana ein Gewässer. Die Gegenwart eines Männchens kann ein wertvoller Vorteil für ein Löwenrudel sein, das große Tiere in dieser überfluteten Landschaft jagt. Männchen haben das nötige Gewicht und die Kraft, einen Kaffernbüffelbullen *(Syncerus caffer)* niederzuringen.

Strategisches Teamwork

In der Regenzeit, wenn das Grasland im Okavango-Delta in Botswana überflutet ist, haben die Löwen *(Panthera leo)* keine andere Wahl, als ins Wasser zu gehen, wenn sie unter den Herden der grasenden Tiere Beute machen wollen. Manchmal reicht es aus, zu den Inseln zu schwimmen, auf denen ihre Beutetiere fressen, um dort wieder auf festem Land zu jagen. Einige Rudel im Norden Botswanas haben jedoch gelernt, im Wasser zu jagen, wobei sie sich auf große und potenziell gefährliche Tierarten spezialisiert haben, was eine eindrucksvolle Teamarbeit voraussetzt. Eine Gruppe beispielsweise jagt Flusspferde *(Hippopotamus amphibius)*, während andere sich vor allem auf Kaffernbüffel *(Syncerus caffer)* und Elefanten *(Loxodonta africana)* konzentrieren, die alle einen Großteil der Regenzeit damit verbringen, im flachen Wasser zu grasen.

1 Einkreisen. Ein nur aus Weibchen bestehendes Löwenrudel umkreist einen Büffel, während die Anführerin auf eine Gelegenheit lauert, ihn von hinten anzugreifen. Um ein so großes Tier zu reißen, ist ein Team erforderlich, vor allem, wenn dem Rudel ein Männchen mit seiner Kraft und seinem Gewicht fehlt.

2 Angriff von hinten. Im etwa 30 Zentimeter tiefen Wasser ist es für die Löwin schwierig, Halt zu finden, und es besteht ein großes Risiko, dass sie ausrutscht und von dem Büffel aufgespießt wird.

3 Festklammern. Die Löwin schlägt ihre Krallen in den Büffel und versucht, in sein Rückgrat zu beißen, während ihre Schwestern ihn von vorne bedrängen. Der Kampf ist noch längst nicht entschieden, eine falsche Bewegung, und die Löwin könnte stürzen und zertrampelt werden. Schließlich rutschen ihre Hinterbeine aus, und sie verliert den Halt. Ihre Jungen beobachten und lernen aus sicherer Entfernung.

4 Niederlage. Trotz ihrer enormen Anstrengungen fehlen der Löwin Kraft und Gewicht, um den Büffel zu Fall zu bringen. Nach fast einer Stunde gibt sie den Kampf auf, und das Rudel muss sich mit dem Misserfolg abfinden.

▲ **Wandernde Massen.** Eine Herde Saigas *(Saiga tatarica)* zieht über die Steppen Kasachstans. Die nomadisch lebenden Tiere sind entweder auf der Suche nach Futterplätzen oder, im Frühling, nach Plätzen, an denen sie ihre Jungen zur Welt bringen können.

◄ **Maskuline Pose.** Eine männliche Saiga zeigt ihre langen Hörner, die leider auch bei Wilderern und in der Traditionellen Chinesischen Medizin begehrt sind. Die große Nase erfüllt mehrere Funktionen: Im Sommer filtert sie Staub aus der Luft, im Winter erwärmt sie die Atemluft, und beim Brüllen der Männchen in der Brunftzeit wirkt sie als Resonanzkörper, um Rivalen einzuschüchtern und Weibchen zu beeindrucken.

Massengeburten und Massensterben

Die weiten Steppen der mittleren Breiten Zentralasiens bilden die größte zusammenhängende Ausdehnung von Grasland auf unserem Planeten. Sie erstrecken sich von Russland im Westen über Kasachstan und die Mongolei bis nach Nordchina im Osten. Um hier zu überleben, muss man mit extremen Wetterveränderungen zurechtkommen. Die Temperaturen reichen von glühender Hitze bis zu klirrendem Frost, die Spanne zwischen Sommerhöchst- und Wintertiefsttemperaturen kann 80 Grad Celsius erreichen. Nimmt man dann noch die häufigen Staubstürme hinzu, hat man eine Art Hölle auf Erden. Es ist also kein Wunder, dass viele Wildtiere hier nur Saisongäste sind.

Ein Tier jedoch lebt hier nicht nur das ganze Jahr über, sondern ist sogar auf seine Art der Herr dieser Landschaft. Mit der merkwürdigen rüsselartigen Nase sieht die Saiga *(Saiga tatarica)* aus wie aus einer anderen Welt. Auf jeden Fall entstammt sie einer längst vergangenen Welt: Saigas leben in ihren Grasland bereits seit Zehntausenden von Jahren und teilten sich einstmals diese weiten Steppen mit längst ausgestorbenen Säbelzahntigern und Mammuts. Ein Grund für das Überleben der Saigas ist sicherlich ihre einzigartige Lebensweise.

Sie sind in der Lage, eine Art von Futter zu verdauen, für die sich kaum ein anderes Tier interessiert, nämlich Flechten. Ihre Hufe sind so geformt, dass sie im tiefen Schnee graben können, um im tiefsten Winter an das unter dem Schnee liegende Futter zu gelangen. Sie können Wasser aus Eis und Schnee gewinnen. Auf der Flucht vor Raubtieren können sie Geschwindigkeiten von bis zu 80 Kilometern pro Stunde erreichen. Am auffallendsten ist jedoch die außergewöhnliche Nase der Saigas. Die prominente Wölbung wirkt unter anderem als Staubfilter, ein entscheidender Vorteil in dieser

Landschaft, über die der Wind fegt. Die Atemluft wird zudem in der Nase temperiert, die dadurch je nach Notwendigkeit wie ein Heizlüfter oder eine Klimaanlage wirkt. Dieser Mechanismus hilft den Saigas, unabhängig von der Außentemperatur ihre Körpertemperatur mehr oder weniger konstant zu halten.

Die rüsselartige Nase ist bei den männlichen Saigas noch größer als bei den Weibchen. Sie nutzen sie in der Brunftzeit als Resonanzkörper für ihr Brüllen. Je größer die Nase ist, desto tiefer ist der Klang, was einem Männchen helfen kann, über weniger gut ausgestattete Rivalen zu triumphieren und einen ganzen Harem von Weibchen zu begatten. Die Brunftzeit ist für Saigaböcke mörderisch: Manchmal sterben in dieser Zeit oder kurz danach neun von zehn Männchen an Kampfverletzungen oder Erschöpfung.

Winterhärte. Saigas *(Saiga tatarica)* auf der Suche nach Gegenden, an denen sie unter dem Schnee Gras finden können. Ihr langes, dichtes weißes Winterfell ist in den zentralasiatischen Steppen dringend nötig, wo die Temperatur tiefer sinken kann als 30 Grad Celsius unter dem Gefrierpunkt. Es kann vorkommen, dass der Großteil aller erwachsenen Männchen einer Herde – bereits geschwächt durch die Brunftzeit – einen harten Winter nicht überlebt.

◄ **Erstmals auf den Beinen.** Ein neugeborenes Saigakalb *(Saiga tatarica)*, dessen Zwilling in der Nähe liegt, unternimmt am frühen Abend seine ersten Schritte. Die Kälber werden nachts geboren und dann alleine gelassen – sie können noch nicht laufen, und die Anwesenheit der Mutter könnte die Aufmerksamkeit von Räubern auf sie lenken. Ihre Mütter kehren am Abend des Folgetages wieder zu ihnen zurück, wenn die Kälber kräftig genug sind, um zu laufen und sich der Herde anzuschließen.

► **Das große Gebären.** Saigaweibchen fressen nach Regenfällen in Kasachstan frisches Gras in der Region, in der sie kalben werden. Im Frühling bringen alle Weibchen innerhalb weniger Tage Zwillinge zur Welt. Dadurch reduziert sich das Risiko jedes einzelnen Kalbes, von Räubern getötet zu werden.

Die ungewöhnlichen Anpassungen der Saigas an ihre harte Umgebung betreffen auch das Kalben. Alle trächtigen Saigaweibchen einer Herde kalben etwa innerhalb einer einzigen Woche. Für die wartenden Räuber – Wölfe, Füchse und Adler – bedeutet dies leichte Beute, ein einziger Wolf *(Canis lupus)* kann innerhalb einer Stunde ein halbes Dutzend Saigakälber reißen. Die Massengeburt ergibt aber dennoch Sinn, denn durch das zeitlich abgestimmte Werfen übersteigt die ungeheure Menge gleich alter Jungtiere schlicht die Kapazitäten der Beutegreifer und erhöht damit für jedes einzelne Kalb die statistische Chance zu überleben.

Die konsequent auf Massenhaftigkeit setzende Lebensweise der Saigas birgt jedoch versteckte Gefahren. Von Zeit zu Zeit durchlaufen sie, ausgelöst durch einen unbekannten Krankheitskeim oder eine plötzliche, schwere Futterknappheit, Massensterben, häufig mitten in einem besonders harten Winter. Auch die menschliche Jagd fordert ihren Blutzoll. Ganze Herden wurden schon wegen ihrer Hörner abgeschossen, die besonders in der Traditionellen Chinesischen Medizin begehrt sind. Wie lange werden es diese unglaublichen Überlebenskünstler, deren Zahl in den letzten Jahrzehnten von über zwei Millionen auf unter 100 000 Tiere gesunken ist, noch schaffen, in dieser feindlichen Welt zu überleben?

Segensreicher Regen

Seit inzwischen zwei Wochen hat es in einem versteckten Winkel von Norfolk in Ostengland nicht mehr geregnet. Im Westen lassen jedoch aufziehende Gewitterwolken auf eine Änderung hoffen. Das erste Anzeichen ist ein Absinken der Lufttemperatur, gefolgt von winzigen Regentropfen, die auf den staubigen Boden fallen, und Minuten später öffnen sich die Schleusen des Himmels. In den nächsten Tagen beginnen die Wiesen, sich mit bunten Farben zu füllen: dem kräftigen Blau der Kornblume *(Cyanus segetum)*, dem Gelb von Saat-Wucherblume *(Glebionis segetum)* und Hahnenfuß *(Ranunculus)* und dem Zartrosa des Erdrauchs *(Fumaria)*. Dicht daneben wachsen neben Klatschmohn *(Papaver rhoeas)* Margeriten *(Leucanthemum)* in Hülle und Fülle. Und überall dazwischen blüht eine Vielzahl an unauffälligen Gräsern, die zur Vielfalt und Fülle des Lebensraumes beitragen. Genau diese Fähigkeit des Graslands, bei Regen explosionsartig zum Leben zu erwachen, ist einer der Schlüsselfaktoren dafür, dass es weltweit ein an den unterschiedlichsten Orten vorkommender Lebensraum ist.

▲ (links) **Verstecken.** Perfekt getarnt zwischen den Grasstängeln kann sich eine Raupe des Waldbrettspiels *(Pararge aegeria)* satt fressen.

(rechts) **Fressen.** Eine grüne Huschspinne *(Micrommata virescens)*, die sich eher auf ihre Tarnung als auf das Spinnen von Netzen verlässt, hat eine Schwebfliege gefangen und beginnt, sie auszusaugen.

▲ (links) **Schlafen.** Um tagsüber Räubern aus dem Weg zu gehen, schläft ein nachtaktiver Schmetterling aus der Familie der Rüsselzünsler *(Crambidae)* im dichten Gras.

(rechts) **Auftauchen.** Ein Individuum der Schnakenfamilie *(Tipulidae)* ist soeben aus dem Boden geschlüpft, wo es sich als Larve entwickelt und von Pflanzenwurzeln ernährt hat.

Während die Gräser darauf angewiesen sind, dass der Wind ihre Pollen verbreitet, hat sich jede einzelne Blume so entwickelt, dass sie zur Verbreitung ihrer Pollen unterschiedliche Insekten anzieht. Nach dem Regen tauchen Millionen von Insekten auf: Käfer und Wanzen, Grillen und Heuschrecken, Fliegen, Schmetterlinge und tagaktive Motten: Ein gewaltiges Summen erfüllt die Luft, wenn die Insekten auf der Suche nach lebensspendendem Nektar und Pollen tief über der Wiese fliegen.

Zumindest außerhalb der Gebirge und Mittelgebirge sind diese Wiesen aber heute in Europa ein zunehmend seltener Anblick. Die Intensivierung der Landwirtschaft und der Einsatz von Herbiziden und Pestiziden gegen Pflanzen und Insekten, die als Ernteschädlinge gelten, haben zu einem massiven Rückgang der Vielfalt und Anzahl dieser traditionellen Heuwiesen geführt. Dadurch verschwinden sowohl die Bestäuber als auch ihre Futterpflanzen. Die einzige Hoffnung für viele Graslandpflanzen ist, dass ihre Samen jahrelang – teilweise sogar jahrzehntelang – im Boden schlummern können, um eines Tages wieder zu keimen, wenn sich die Art und Weise geändert hat, wie das Land bewirtschaftet wird.

▲ **Sicherheitsschwanz.** Eine Zwergmaus *(Micromys minutus)* klettert durch Schilfrohr, das noch mit Tau bedeckt ist, dabei nutzt sie ihren Greifschwanz als fünfte Gliedmaße, um das Gleichgewicht zu halten.

◀ **Leben in luftiger Höhe.** In ihrem Sommernest, das sie sich aus zerkleinerten Blättern hoch oben zwischen Schilfstängeln gebaut hat, lauscht eine Zwergmaus auf ein Geräusch. Die Nester werden zum Schlafen und als Unterschlupf genutzt, dort werden auch bis zu acht winzige Junge aufgezogen.

Leben im Baumhaus

Wenn die Junisonne über Feldern und Wiesen scheint und eine Feldlerche *(Alauda arvensis)* hoch in die Luft steigt, um ihren lang anhaltenden Gesang anzustimmen, signalisiert eine Bewegung im hohen Gras das Auftauchen eines der kleinsten Säugetiere der Welt, der Zwergmaus. Ihr wissenschaftlicher Name Micromys minutus bedeutet übersetzt »winzig kleine Maus«, was für Europas kleinstes Nagetier überaus zutreffend ist. Da es nur so viel wiegt wie ein paar Streichhölzer, kann es sein ganzes Leben hoch oben im Gräserwald verbringen. Die Zwergmaus ist so leicht, dass sich Grashalme unter ihrem Gewicht nur leicht biegen, aber nicht abbrechen. Nur wenige Vögel teilen mit ihr diesen Lebensraum, sodass die Zwergmaus hier gut leben kann. Ein Nachteil einer so geringen Körpergröße ist die vergleichsweise große Körperoberfläche im Verhältnis zum Körpervolumen. Die Zwergmaus ist daher sehr kälteempfindlich und muss ständig fressen, um ihre Energiespeicher wieder aufzufüllen.

Eine vor allem unter den Säugetieren der Alten Welt seltene weitere Anpassung der Zwergmaus ist ihr langer Greifschwanz. Sie nutzt diesen Schwanz wie die Affen der Neuen Welt als fünfte Gliedmaße, wickelt ihn um die Grashalme, wenn sie sich, unterstützt von ihren winzigen Zehen und enorm scharfen Krallen, die für festen Halt sorgen, durch ihren Wald aus Grashalmen bewegt.

Diese Merkmale haben die Zwergmaus befähigt, eine Vielzahl von Mikrolebensräumen des Graslands zu besiedeln, wie Hafer-, Gerste- und Weizenfelder, außerdem Feldränder, Salzwiesen und sogar Röhricht. Besonders aktiv ist die Zwergmaus in der Morgen- und Abenddämmerung, womit sie wahrscheinlich tagaktiven Räubern aus dem Wege geht. Im Frühling und Sommer ernährt sie sich vom reichen Angebot an Samen und Körnern, im Herbst von Früchten, Beeren und gelegentlich einmal einem Insekt.

Eine weitere Anpassung ist der Bau hängender Nester. Die Zwergmaus nutzt ihre außerordentlich scharfen Zähne zum Zerkleinern von Grashalmen, die anschließend fachkundig zu einem kugelförmigen Bau verwoben werden, der im Gras hängt wie ein Baumhaus im Blätterdach. Es werden mehrere Nester gewoben, die zum Schlafen, als Schutz bei schlechtem Wetter und als Kinderstube genutzt werden.

Ein Wurf wird normalerweise im Mai geboren und besteht aus etwa sechs Jungen von der Größe einer Erbse. Diese wachsen rasch im Grashaus heran, und sobald sich ihre Augen geöffnet haben, sind ihre Eltern ständig auf Futtersuche. Die Mäusejungen beginnen im Alter von elf Tagen, die Umgebung außerhalb ihres Nestes zu erkunden, und werden meist bereits im Alter von 14 bis 16 Tagen sich selbst überlassen. Ihre Eltern hingegen werden vor Eintritt des Winters noch mehrmals für Nachwuchs sorgen.

Auf der Futtersuche muss eine Zwergmaus vermeiden, von Räubern entdeckt zu werden. Dazu gehören Rotfüchse *(Vulpes vulpes)*, Hermeline *(Mustela erminea)* und Mauswiesel *(Mustela nivalis)*, aber auch Räuber aus der Luft, ob Generalisten der Gattung *Corvus* – Krähen und Raben – oder Spezialisten wie Turmfalken *(Falco tinnunculus)* und Schleiereulen *(Tyto alba)*. Zur Gefahrenabwehr hat die Zwergmaus ein extrem scharfes Gehör entwickelt. Sobald sie Gefahr spürt, erstarrt sie in ihrer Bewegung oder lässt sich, falls nötig, tief ins Gras fallen. Eine weitere Gefahr geht vom Menschen aus. Wenn Heu oder Getreide im Spätsommer geerntet werden, müssen die Jungmäuse sterben, die das Nest noch nicht verlassen und Schutz am Feldrand gefunden haben. Viele überleben auch kalte, nasse Winter nicht. Obwohl sie ein spezielles Winternest als Unterschlupf bauen und bei großer Kälte über längere Perioden hinweg schlafen, macht ihre winzige Größe es ihnen schwer, sich warm genug zu halten.

▲ **Der lautlose Tod.** Eine jagende Schleiereule *(Tyto alba)* ist kurz davor, ihre Flügel anzulegen und sich ins hohe Gras hinabzustürzen, um ihre Beute, ein Nagetier, zu packen.

Die Insektenjäger

Die Überfülle an Leben in der afrikanischen Savanne ist legendär. Zwar sind die gewaltigen Herden grasender Großtiere und die über ihnen fliegenden Vögel am auffälligsten, dennoch bilden Insekten und andere Wirbellose hier – wie in praktisch jedem Habitat – die größten Populationen und liefern damit einer Vielzahl kleiner und mittelgroßer Lebewesen Nahrung, vor allem Vögeln.

Die Bienenfresser *(Meropidae)* sind unter allen Vogelfamilien, die sich von fliegenden Insekten ernähren, sicher die bedeutendste. Die etwa 25 Arten dieser Familie findet man in einem Großteil von Afrika, Europa, Asien

Farbenfreudiges Duo. Zwei Karminspinte *(Merops nubicoides)* nutzen im Grasland von Botswana das fahrende Filmfahrzeug, das Insekten aufscheucht – eine Aufgabe, die sonst Elefanten für sie erledigen. Auf ihrem Zug nach Süden machen die Vögel nach Regenfällen hier Station, um sich ein Festmahl aus den zahlreichen Insekten zu gönnen, die im frischen Gras geschlüpft sind.

und Australien, überwiegend in wärmeren Klimazonen. Sie fangen und fressen nicht nur Bienen, sondern ernähren sich von vielen verschiedenen fliegenden Insekten, wie Heuschrecken, Ameisen, Käfern und Libellen. Dabei nutzen sie ihre langen schmalen Flügel und ihren Schwanz, um wendig zu manövrieren und sich bei der Verfolgung ihrer flinken Beute nicht abhängen zu lassen.

Das Grasland Botswanas ist die Heimat mehrerer Arten Bienenfresser, von denen einige, wie zum Beispiel der Südliche Karminspint *(Merops nubicoides)*, auf ihrem Zug nach Süden das reichliche Futterangebot nach dem Ende der Regenzeit nutzen. Grillen sind im jetzt hohen Gras zwar in Sicherheit, aber nur solange sie verborgen bleiben. Karminspinte bedienen

◀ **Nützliche Elefanten.** Zwischen den Beinen von Elefanten *(Loxodonta africana)* umherflitzend schnappt ein Karminspint *(Merops nubicoides)* sich von den Dickhäutern aufgescheuchte Insekten.

▼ **Trampen auf der Trappe.** Ein Karminspint nutzt eine Riesentrappe *(Ardeotis kori)* äußerst kraftsparend als mobile Jagdplattform und Insektentreiber und schnappt sich gelegentlich eine Grille, ohne dafür auch nur die Flügel ausbreiten zu müssen. Nur gelegentlich wird die Trappe – ebenfalls ein Insektenfresser – ungnädig.

sich bei ihrer Grillenjagd geschickt der Hilfe des größten Tieres, das über diese Ebenen zieht, des Afrikanischen Elefanten *(Loxodonta africana)*. Die Vögel warten einfach, bis sich Elefanten nähern, stoßen dann hinab und jagen zwischen den Beinen der Elefanten die in Panik durch die Luft springenden Grillen.

Manchmal dient aber auch eine mobile Warte zur Insektenjagd. Karminspinte nutzen dafür eine Reihe von Tieren, wie beispielsweise die Riesentrappe *(Ardeotis kori)*, einen Riesen der Vogelwelt, als bewegliche Jagdhochsitze. Diese schwerste flugfähige Vogelart der Welt ernährt sich ebenfalls von großen Insekten, wie Heuschrecken und Grashüpfern, und geht überwiegend zu Fuß auf Futtersuche. Genau wie der Karminspint, der sich von ihr tragen lässt, folgt auch sie gelegentlich großen Säugetieren, um von ihnen aufgescheuchte Insekten aufzulesen.

▲ **Bereit für den Auftritt.** Ein männlicher Leierschwanzwida *(Euplectes jacksoni)* macht sich bei voller Konzentration bereit für seine Balzvorstellung. Er hat eine Grasbühne vorbereitet, und sein Balzgefieder ist voll aufgeplustert.

Eine Bühne aus Gras

Ein weiterer afrikanischer Vogel nutzt das hohe Gras für eine erstaunliche Balzvorführung. Der Leierschwanzwida *(Euplectes jacksoni)* kommt im hoch gelegenen Grasland in Zentral- und Westkenia und im Nordosten Tansanias vor, einem Lebensraum, der heute durch eine Ausweitung und Intensivierung der Landwirtschaft bedroht ist. Nur in dieser Art dieser Vogelfamilie treten im Zuge der Balz die Hähne auf einem gemeinschaftlichen Balzplatz gegeneinander an, um die aufmerksamen Weibchen zu beeindrucken. Der Sieger dieses Wettbewerbs darf sich dann mit den meisten verfügbaren Weibchen paaren.

Auf den Hochebenen versammeln sich nach Einsetzen der Regenfälle, wenn die Gräser ihre volle Höhe erreicht haben, die Leierschwanzwidahähne auf vorbereiteten Bühnen im Grasland. Jedes Männchen stutzt um ein zentrales Grasbüschel einen Kreis zurecht, um dort seine Vorstellung zu geben. Es wirft seinen Kopf zurück, sträubt seine Nackenfedern, biegt seinen langen Schwanz über seinen Rücken und springt bis zu einem Meter hoch in die Luft. Häufig ist das Gras in der Umgebung jedoch so hoch, dass die Weibchen die posierenden Hähne gar nicht sehen können. Einige Hähne verstehen

▲ **Hochsprungtraining.** Ein männlicher Leierschwanzwida *(Euplectes jacksoni)* bei einem Probesprung – nur wenn er weiß, dass Weibchen zuschauen, springt er noch höher in die Luft, wobei er seinen langen, glänzend schwarzen Schwanz schwingt. Die Weibchen beurteilen ihn aber auch anhand seiner gärtnerischen und gestalterischen Fähigkeiten beim »Bühnenbau«.

es aber, sich dies sogar zunutze zu machen. Das lange Gras dient ihnen als eine Art Bühnenvorhang, und sie zeigen sich in voller Absicht immer nur ganz kurz, als würde ihr Auftritt attraktiver, wenn die Weibchen nur einen kurzen Blick darauf werfen können. Die Hähne vermeiden es so jedoch auch, von einem opportunistischen Räuber, wie einem Serval *(Leptailurus serval)*, einer kleineren Raubkatze, gesehen und geschnappt zu werden.

War die Vorstellung eines Hahns überzeugend, landet ein Weibchen neben ihm, und er umtanzt sie mit aufgestelltem Kamm und gesträubten Nackenfedern. Nur wenn er ein Weibchen auch damit beeindruckt, wird sie sich mit ihm paaren – für die meisten Hähne wird dieser Traum nie Wirklichkeit.

Wie es bei Arten, die einen solch hohen Balzaufwand betreiben, üblich ist, beteiligen sich die Leierschwanzwidahähne nicht direkt an der Aufzucht der Jungen, stoßen jedoch Warnrufe aus, wenn Räuber in die Nähe kommen. Das größte Problem dieser am Boden nistenden Vögel besteht darin, dass ihre Eier oder Küken von weidendem Vieh zertrampelt werden. Für die Weibchen stellt es zudem einen aufwendigen Wettlauf dar, ihre jeweilige Familie aufzuziehen, bevor das nur saisonal reiche Futterangebot wieder knapp wird.

Die lauschende Katze

Die Regenzeit ist seit Monaten vorüber, seither brennt die Sonne unbarmherzig auf die afrikanische Savanne herab und hat das einmal üppig grüne Land in eine gelbbraune Ödnis verwandelt. Für die Großkatzen – Löwen *(Panthera leo)*, Leoparden *(Panthera pardus)* und Geparden *(Acinonyx jubatus)* – ist die Veränderung von Vorteil. Ihre Beutetiere versammeln sich jetzt in der Nähe der Wasserlöcher, und auch die Farbe des Grases hilft den Großkatzen: Ihr tendenziell sandfarbenes Fell lässt sie mit der Landschaft verschmelzen, und sie können ihre Beute unbemerkt verfolgen.

In der Savanne leben auch kleine Katzen, nämlich die Falbkatze *(Felis silvestris lybica)*, der Karakal *(Caracal caracal)* und der Serval *(Leptailurus serval)*. Sie haben es nicht nur auf Vögel, Frösche, Insekten und gelegentlich Schlangen, sondern auch auf kleine Säugetiere abgesehen. Nagetiere sind die Hauptbeute des Servals. In der Regenzeit sind sie eher schwer zu finden, aber wenn das Gras auszutrocknen beginnt, sieht und hört man sie leichter. Zwei körperliche Anpassungen machen den Serval zu einem enorm erfolgreichen Jäger. Da ist zuerst seine erstaunliche Sprungkraft. Servale, die etwa die doppelte Größe einer Hauskatze erreichen, können mühelos aus dem Stand etwa sechs Meter weit und zwei Meter hoch springen, ihre Beine sind im Verhältnis zum Körper länger als bei anderen Katzen.

Aber auch Ratten und Mäuse sind schnell und beweglich. Daher hat der Serval außerdem noch riesige Ohren und einen exzellenten Gehörsinn entwickelt, um Entfernung und Richtung der Beute genau orten zu können. Allerdings brauchen Servale Geduld. Die Jagd beginnt damit, dass ein Serval sehr langsam durch das hohe Gras schleicht und immer wieder regungslos stehen bleibt, um zu lauschen. Manchmal steht er 15 Minuten so und wartet auf das geringste Rascheln, das ein Nagetier verrät. Mit seinen muskulösen Hinterbeinen springt er nun präzise direkt zum Ausgangspunkt des Geräuschs und packt die Beute mit den Vorderpfoten. Kann der Nager beim ersten Angriff entkommen, versucht es der Serval erneut und springt dabei mit durchgestreckten Beinen im Gras umher, wodurch vielleicht sogar eine weitere Mahlzeit aufgescheucht wird. Wenn ein starker Wind durch das Gras weht, verzichten Servale auf die Jagd, es ist zu laut, um ihre Beute hören zu können. Bei passenden Bedingungen sind Servale jedoch durch die Kombination aus Tarnfell, scharfem Gehör und körperlicher Leistungsfähigkeit sehr erfolgreiche Jäger im Grasland.

◄ **Auf dem Sprung.** Nachdem ein Serval *(Leptailurus serval)* mit seinen trichterartigen leistungsstarken Ohren anhand des Raschelns einen Nager lokalisiert hat, geht er in Position, um mit beiden Vorderpfoten voraus auf die Beute zu springen. Der Serval ist die größte Kleinkatze Afrikas und hat überproportional lange Beine, die perfekt an das Jagen im hohen Gras angepasst sind.

Die Armee der Grasschneider

In der weiten Gran-Chaco-Savanne Argentiniens geht die Trockenzeit ihrem Ende zu, und die größeren Pflanzenfresser sind zu neuen Weideflächen weitergezogen. Nur verholzte Grashalme sind noch übrig, und die meisten Nährstoffe haben die Gräser inzwischen im Wurzelwerk unter der Erde gespeichert, um bei den nächsten Regenfällen wieder sprießen zu können. Die meisten Tiere gewinnen aus der verbleibenden mageren Vegetation nur wenig Energie. Die Chaco-Blattschneiderameise *(Atta vollenweideri)* hat jedoch eine Möglichkeit entwickelt, lebenswichtige Nährstoffe auch noch aus diesen Überresten zu gewinnen. Sie erntet sie ab und füttert damit einen Pilz, den sie in ihren Nestern unter der Erde züchtet. Diese Form der Kultivierung nutzt sowohl dem Pilz als auch den Ameisen. Die Ameisen halten die Pilze von Parasiten frei und liefern Nährstoffe in Form von Gras- und Blattmaterial, auf dem der Pilz wächst. Der Pilz wiederum bietet der gesamten Kolonie einschließlich der Millionen Ameisenlarven und der Königin eine ständig verfügbare Nahrungsquelle.

Blattschneiderameisen verbrauchen weit mehr von der Vegetation als jede andere Tiergruppe und sind tatsächlich die bedeutendsten Pflanzenfresser Südamerikas. Eine Kolonie kann etwa sieben Millionen Arbeiterameisen umfassen, von denen jede mehr als das 50-Fache ihres eigenen Körpergewichts tragen kann. Eine durchschnittliche Kolonie kann daher eine dreistellige Millionensumme von Grasstücken verwerten, was jedoch eine außergewöhnlich hoch entwickelte Zusammenarbeit und Organisation verlangt.

▲ **Schneidekunst.** Chaco-Blattschneiderameisen *(Atta vollenweideri)* ernten Gras, indem sie die Halme Stück für Stück mit ihren gezahnten Mandibeln durchtrennen. Das Gras wird ins Nest zur unterirdischen Pilzfarm gebracht, welche die Nahrung für die Ameisenkolonie liefert.

▲ **Transportkolonne.** Eine Kolonne von Chaco-Blattschneiderameisen *(Atta vollenweideri)* trägt Grassegmente zum Nest, die ein Vielfaches länger und schwerer sind als sie selbst. Die kleineren Ameisen markieren den Pfad und wehren parasitäre Buckelfliegen der Familie *Phoridae* ab, welche die wehrlosen Träger angreifen.

Blattschneiderameisen bauen riesige Nester, deren größter Teil unter der Erdoberfläche liegt. Solche Strukturen gehören zusammen mit Termitenbauten zu den größten, die von Tieren gebaut werden. Das Heer der darin lebenden Arbeiter unterteilt sich in Kasten, die jeweils unterschiedliche Aufgaben übernehmen: Aushöhlen und Bauen, Abfallentsorgung, Futtersuche, weitere Zerkleinerung von Blättern und Gräsern, Verteilen des Materials an die Pilze, Pilzpflege sowie Betreuung der Königin und der Larven.

Für die äußere und innere Sicherheit der Kolonie sorgen Soldatenameisen. Die vielleicht größte Bedrohung für eine Kolonie dürfte aber der Regen sein. In der Regenzeit werden die Nester regelmäßig überflutet, sodass die Ameisen nicht auf Futtersuche gehen können. Die Ameisen versuchen, ihr Nest trocken zu halten, indem sie jede Öffnung mit winzigen Zweigen oder Lehmstücken verschließen. Einer anderen Bedrohung ist nicht so leicht zu begegnen: parasitären Buckelfliegen der Familie *Phoridae*. Diese winzigen Fliegen haben die größeren Arbeiterameisen im Visier. Ihr Angriff erfolgt schnell: Ein Fliegenweibchen landet auf dem Kopf einer Arbeiterameise, sticht ihren Legestachel ein und legt ein einziges Ei. Aus diesem Ei schlüpft eine Larve, die sich von der Ameise ernährt und diese schließlich tötet. Die Überfälle der Buckelfliegen sind jedoch nicht übermäßig häufig. Ameisenkolonien haben eine essenzielle Bedeutung für die Produktivität des Graslandes, sie recyceln Pflanzenmaterial und liefern im Gegenzug Futter für eine Reihe von Wildtieren.

Die größten Völker und die mächtigsten Festungen

Das Grasland ist überall auf der Welt die Heimat einer erstaunlichen Vielfalt von Lebewesen. Am auffälligsten sind vielleicht die riesigen Herden grasender Säugetiere, die über diese weiten offenen Flächen ziehen. Dennoch werden diese Scharen von den Milliarden von Einzeltieren in den Schatten gestellt, aus denen sich Termitenstaaten zusammensetzen. Die knapp 3000 Arten der Ordnung *Isoptera* sind mit den Ameisen nicht enger verwandt, genau wie die Ameisen leben Termitenkolonien jedoch als »Superorganismen« und konsumieren ebenfalls Gras, und zwar mehr als alle anderen Lebewesen auf dem Planeten zusammen.

Sie verbrauchen jedoch weniger frisches Gras, sondern absterbendes und bereits abgestorbenes Gras. Wie alle Insekten haben sie das Problem, für viele andere Tiere eine willkommene Proteinquelle zu sein. Sie verteidigen sich durch den Bau riesiger Hügel, in denen sie sich vor Angriffen durch Räuber und plötzliche Veränderungen der Umgebung schützen und in denen sie Futtervorräte für schlechte Zeiten anlegen. Diese Festungen ragen im tropischen Grasland auf und haben es den Termiten ermöglicht, mit großen saisonalen Wetterveränderungen zurechtzukommen und jeden Kontinent mit Ausnahme der Antarktis zu besiedeln. Die Hügel, die in Anpassung an ihre Umgebung einem ständigen Wandel unterworfen sind, scheinen beinahe lebendig zu sein und halten wie gleichwarme Tiere immer dieselbe Innentemperatur.

Australiens Northern Territory ist die Heimat einer besonders ungewöhnlichen Termitenart. Die Kompasstermiten *(Amitermes meridionalis)* bauen ihre Hügel in von Baumsavanne umgebenem Grasland. Während der Regenzeit ragen diese Hügel aus einer überfluteten Landschaft, die Termiten können sich nicht in den – gefluteten – Untergrund zurückziehen, sondern müssen im Hügel überleben. Die bis zu vier Meter hohen Bauten sind immer in Nord-Süd-Richtung ausgerichtet, wodurch die Termiten besser in der Lage sind, in ihrer Behausung eine konstante Temperatur zu halten, wobei die inneren Kammern durch Luftzirkulation gut belüftet werden. Vormittags liegt die Westseite im Schatten, und es halten sich mehr Termiten in den Galerien dieser Seite auf. Mittags, wenn die Sonne am stärksten vom Himmel brennt, bieten die hohen schlanken Bauwerke nur wenig Fläche, welche die Sonne aufheizen kann. Nachmittags und abends, wenn die Ostseite im Schatten liegt, wechseln dann mehr Termiten auf diese Seite.

In den kühleren Nächten wagen sich die Arbeitertermiten nach draußen, um abgestorbenes Gras zu ernten, das sie zu Kügelchen kauen und anschließend in den Kammern des Hügels lagern. Von diesen Vorräten sind sie abhängig, wenn der Regen einsetzt und sie in ihrem Bau gefangen sind.

▲ **Ausrichtung nach dem Sonnenstand.** In Australiens Northern Territory richten die Kompasstermiten *(Amitermes meridionalis)* ihre riesigen keilförmigen Bauten in Nord-Süd-Richtung aus, um die Hitze in den Bauten zu reduzieren. Die große Oberfläche der flachen, steilen Bauwerke trägt auch dazu bei, die Hügel »atmen« zu lassen.

Die Aborigines Australiens zeigen eine große Wertschätzung für diese Termitenhügel, die sie für Ruhestätten ihrer verstorbenen Vorfahren halten. Sie haben von den winzigen Insekten aber auch gelernt, ihre Behausungen nach den Himmelsrichtungen auszurichten, um die Temperatur darin möglichst niedrig zu halten. In letzter Zeit haben auch Architekten die Termitenhügel als Ideengeber für Niedrigenergiegebäude studiert.

Termitenbauten sind jedoch nicht völlig unzugänglich. Wie bei Ameisenkolonien auch, zieht die Fülle an potenziellem Futter Räuber an, darunter einige bemerkenswerte Tiere, wie das Erdferkel *(Orycteropus afer)*. Dieses weitgehend nachtaktive Säugetier mit kräftigen Klauen und einer langen,

▲ **Ameisenabbau.** Im brasilianischen Grasland des Pantanals nutzt ein Großer Ameisenbär *(Myrmecophaga tridactyla)* seine kräftigen Klauen, um ein Ameisennest aufzugraben. Anschließend saugt er die Ameisen mit seiner langen klebrigen Zunge auf. Seine dicke Haut und sein langes Fell schützen ihn vor Bissen oder Stichen.

◀ **Tunnelbau im Termitenhügel.** Ein Erdferkel *(Orycteropus afer)* gräbt sich bei Nacht in Botswana tief in einen Termitenhügel und leckt mit seiner langen Zunge Termiten auf. Es wird zwar von Soldatentermiten angegriffen, aber sein dickes Fell schützt es vor Stichen und Bissen.

schweineähnlichen Schnauze ist der einzige noch lebende Vertreter einer gesamten Tierordnung. Es lebt im tropischen Afrika, wo es über das Grasland zieht und sein Lieblingsfutter erschnüffelt: Termiten. Hat es sie entdeckt, gräbt es sich rasch in den Hügel, wobei es seine kräftigen, scharfen Klauen verwendet, um diese Festungen aufzubrechen. Dann saugt es mit seiner langen klebrigen Zunge Tausende von Termiten auf einmal auf. Häufig folgen Erdferkeln Schwärme von Kapröteln *(Cossypha caffra)*, Vögel, die alle Termiten fressen, die das Erdferkel übrig gelassen hat.

Mehrere weitere Tiere haben sich darauf spezialisiert, die reichlich vorhandenen, wenn auch schwer zugänglichen Ameisen und Termiten als Futterquelle zu nutzen. In der Savanne und im offenen Grasland Südamerikas lebt der Große Ameisenbär *(Myrmecophaga tridactyla)*, der an Ameisennestern außerordentlich zerstörerisch wütet. Mit einem einzigen Schlag seiner kräftigen, mit Krallen bewehrten Klauen zerstört er ein Nest und nutzt anschließend wie das Erdferkel seine lange Zunge zum Fressen. Die Ameisen setzen sich jedoch zur Wehr: Heere von Soldatenameisen greifen den Eindringling an und sind, wie alle sozialen Insekten, bereit, zum Wohle ihrer Verwandten im Nest ihr Leben zu lassen.

▲ **Von den Bisons profitieren.** Ein Rotfuchs *(Vulpes vulpes)* hält im Winter im Yellowstone-Nationalpark im US-Staat Wyoming Ausschau nach Nagetieren, die von den Bisons *(Bos bison)* aufgescheucht werden, wenn diese den Schnee wegschaufeln.

► **Schneepflügen.** In der Winterlandschaft des Yellowstone-Nationalparks überleben die Bisons, indem sie sich durch den Schnee bis zum Gras hinuntergraben, wobei jedes erwachsene Tier bis zu sechs Tonnen Schnee am Tag bewegt.

Schneeprobleme lösen

Weit entfernt von der sengenden Hitze der australischen oder afrikanischen Ebenen ist ein anderes Grasland ebenfalls die Heimat einer Vielzahl von Tieren. Es erstreckt sich von Alaska und Kanada durch Nordeuropa bis zur Ostspitze Asiens und mag öde wirken, doch viele Tiere dort nutzen das zu einer bestimmten Jahreszeit reiche Futterangebot.

Hierzu zählt eines der bekanntesten Säugetiere Nordamerikas, der Bison *(Bos bison)*. Früher zogen Millionen dieser Tiere über die nördlichen Ebenen, aber im Zuge der Ankunft der europäischen Siedler wurden die meisten getötet, und es blieb nur noch eine sehr kleine Population erhalten. Wie für alle Tiere, die so hoch im Norden leben, stellen starke Schneefälle im Winter für sie eine Bedrohung dar. Liegt der Schnee mehr als einen Meter hoch, bekommen junge Bisons Probleme. Die Mütter nutzen ihre kräftigen Köpfe als Schneepflüge, damit ihre Sprösslinge an das lebensrettende Futter unter dem Schnee herankommen.

Rotfüchse *(Vulpes vulpes)*, die bei den Bisonherden leben, sind mit einer ähnlichen Herausforderung konfrontiert. In ihrem Fall jedoch besteht die Nahrung aus kleinen Nagern, die unter dem Schnee und ungesehen von jedem Räuber weiterhin Gras fressen. Daher setzen die Füchse ihr Gehör ein, um sie zu entdecken. Darüber hinaus nutzen sie das Magnetfeld der Erde, um sich in einer bestimmten Richtung auszurichten, und tauchen dann mit der Schnauze in den tiefen Schnee. Diese Methode garantiert ihnen eine hohe Trefferquote, sie schlagen sehr häufig an der richtigen Stelle zu, sodass sie mit Beute im Maul wieder auftauchen. Bisher ist der Fuchs

das einzige Säugetier, von dem bekannt ist, dass es das Magnetfeld der Erde bei der Jagd nutzt.

Noch weiter im Norden, in der arktischen Tundra Nordkanadas, spielt sich ein anderes Schauspiel ab. An dieses weitläufige ungeschützte Grasland, das jedes Jahr mehr als sechs Monate lang von Schnee bedeckt ist, hat sich ein Tier so angepasst, dass es hier in großer Zahl leben kann: das Karibu oder Rentier *(Rangifer tarandus)*, wie es in der Alten Welt heißt. Alles am Rentier, vom doppelschichtigen dichten Fell bis zu seinen speziell geformten Hufen, die wie Schneeschuhe funktionieren, hilft dem Tier, mit diesem extremen Klima zurechtzukommen. Sogar das Futter, das sie fressen – die Rentierflechte –, kann nur von ihren speziellen Mägen verdaut werden.

Rentiere können schnell laufen, Wölfe *(Canis lupus)* werden insbesondere den Kälbern allerdings trotzdem gefährlich. Die Weibchen gehen ein Risiko ein, wenn sie sich von der Hauptherde trennen, um zum Kalben nach Norden zu ziehen, weil es dort nahrhaftes Futter und weniger stechende Insekten gibt. Sie verzichten nämlich damit auf den Schutz der größeren und wehrhafteren Männchen. Ein Rentierweibchen bringt Anfang Juni ein einziges Kalb zur Welt. Um diese Zeit sollte selbst im hohen Norden der Winter vorbei sein, auch wenn es immer das Risiko später Schneefälle oder Temperaturstürze gibt, die einer ganzen Generation von Kälbern den Garaus machen können. Wie bei den Saigas *(Saiga tatarica)* kommen auch bei Rentieren alle Kälber einer Generation annähernd gleichzeitig zur Welt, um das Risiko jedes einzelnen Kalbes zu reduzieren, einem Räuber zum Opfer zu fallen. Dadurch haben auf dem nordamerikanischen Kontinent bis zu 50 000 Kälber einer Generation am selben Tag Geburtstag. Schon bald sind sie in der Lage, auf ihren spindeldürren Beinen zu stehen und zu saugen. Innerhalb weniger Tage müssen sie kräftig genug sein, um den langen Weg zurück zur restlichen Herde zu bewältigen.

Wird die Herde auf dem langen Marsch nach Süden angegriffen, können die Weibchen mit den meisten Kälbern den Wölfen zwar davonlaufen, aber mindestens ein Kalb fällt in der Regel doch den Räubern zum Opfer. Die Kälber lernen dabei das Geheimnis des Überlebens auf diesem weitläufigen Grasland: nie die Herde verlassen und immer in Bewegung bleiben.

◄ **Schneebaby.** Eine Rentiermutter *(Rangifer tarandus)* – in Nordamerika wird das Rentier Karibu genannt – ermuntert ihr wenige Stunden altes Kalb, aufzustehen und zu laufen, damit es mit den anderen Weibchen und Kälbern losziehen kann, um zur Hauptherde auf der russischen Halbinsel Taimyr zurückzukehren.

► (nächste Seite) **Kreißsaal in der Tundra.** Weibliche Rentiere grasen in der Region Taimyr in Zentralsibirien, wo sie ihre Kälber zur Welt bringen. Sie gehören zu einer der größten Populationen wilder Rentiere in Eurasien, die etwa 700 000 Tiere umfasst. Rentiere, die ständig unterwegs sind, um neue Weideflächen zu finden, sind eine der am ausgeprägtesten nomadisch lebenden Tierarten überhaupt.

5

INSELN

VOM MEER UMGEBEN, SIND INSELN aufgrund der natürlichen Gegebenheiten Welten für sich. Sie sind auch die Heimat von einigen der am höchsten spezialisierten und spektakulärsten Wildtiere auf unserem Planeten. Inseln sind so vielfältig wie zahlreich. Ihre Größe reicht von der Grönlands – das sechsmal so groß ist wie Deutschland – bis hin zu winzigen von Wellen umspülten Felsen. Ob Wüsteneiland, Korallenatoll oder Gletscherinsel, eines ist allen gemeinsam: die Isolation.

Inseln haben klar definierte natürliche Grenzen, sie sind von außen schwer zugänglich, und es ist auch schwierig, von ihnen wegzukommen. Vögel können kommen und gehen, die meisten anderen Tiere jedoch haben keine andere Wahl, als das Beste aus ihrer Umgebung zu machen. Viele auf Inseln entdeckte Arten haben sich aus den Abkömmlingen einstiger »Schiffbrüchiger« entwickelt, deren Vorfahren vor Jahrtausenden hierher geschwommen sind oder angetrieben wurden. Durch ihre lange Isolation haben sie eigenständige Formen entwickelt, was sie schließlich zu anderen Arten hat werden lassen als ihre Verwandten auf dem Festland.

Ein Inseltier, das sich anpasst, kann gut gedeihen und sogar Herrscher seines kleinen Reichs werden. Obwohl Inseln in der Regel artenärmer sind als das Festland, lassen sich hier häufig Spezies beobachten, die nur in einer bestimmten Region, auf einem Archipel oder sogar nur auf einer einzigen Insel vorkommen. Das ist der Grund, weshalb Inseln zwar weniger als ein Sechstel der Landfläche der Erde ausmachen, aber Heimat für über 20 Prozent der Vogel-, Pflanzen- und Reptilienarten sind.

Da dort ihre ursprünglichen Feinde oder Konkurrenten fehlen, haben viele Tiere und Pflanzen auf Inseln ungewöhnliche Merkmale entwickelt. Einige sind größer als ihre Festlandverwandten, wie beispielsweise die Galapagos-Riesenschildkröten *(Chelonoidis nigra)*. Andere, wie die winzige Atlantisralle *(Atlantisia rogersi)*, sind deutlich kleiner. Weil sich die Vögel mangels natürlicher Räuber nicht in der Luft aufhalten müssen, ist bei denen, die auf Inseln leben, Flugunfähigkeit viel häufiger als bei solchen auf dem Festland. Für nicht wenige solcher Arten hat sich diese evolutionäre Entwicklung letztlich jedoch als fatal erwiesen.

(vorhergehende Seite) **Ein Pinguinparadies.** Die Vulkaninsel Zavodovski Island ist ein entlegener antarktischer Zufluchtsort für Zügelpinguine *(Pygoscelis antarctica)* auf den Südlichen Sandwichinseln. Etwa 1,5 Millionen dieser Vögel versammeln sich hier zum Brüten – sie sind vor den meisten Räubern sicher, und das Meer rund um die Insel ist sehr fischreich.

◀ **Inselzuflucht.** Die von Korallen gesäumte Insel Escudo de Veraguas vor der Ostküste von Panama ist die einzige Heimat für mehrere Arten, darunter eine Unterart der Braunschwanz-Amazilie *(Amazilia tzacatl handleyi)* sowie die Fledermaus *Artibeus incomitatus* und das Zwergfaultier *(Bradypus pygmaeus)*, das im Mangrovenwald an den Küsten der Insel lebt.

Als Forschungsreisende im 16. und 17. Jahrhundert die entlegenen Inseln im Indischen und Pazifischen Ozean erreichten, brachten sie Ratten, Katzen und Hunde mit. Schon bald machten diese kurzen Prozess mit hilflosen Inselvögeln, wie dem bereits im 17. Jahrhundert ausgerotteten Dodo *(Raphus cucullatus)* auf Mauritius. Er hatte einen massigen Körper und konnte weder fliegen noch schnell laufen, was ihn auch bei hungrigen Seeleuten beliebt machte, die Verlangen nach Frischfleisch hatten. Heute herrscht ein größeres Bewusstsein für die Gefährdung der Lebensgemeinschaften auf Inseln. Wissenschaftler bemühen sich intensiv, das Aussterben weiterer Spezies in diesen natürlichen Labors zu verhindern, wo das einmalige Verhalten der hier beheimateten Wildtiere studiert werden kann.

▶ **Inselzwerg.** Auf der winzigen Insel Escudo de Veraguas klettert ein Zwergfaultierweibchen *(Bradypus pygmaeus)* mit seinem Jungen auf eine Rote Mangrove *(Rhizophora mangle)*. Es ist auf der Suche nach Blättern, die es fressen könnte. Die Vorfahren der Art wurden vor etwa 9000 Jahren auf der Insel isoliert, wo sie nur ein eingeschränkteres Futterangebot hatten, weshalb diese heutige Faultierart viel kleiner ist als die Braunkehl-Faultiere *(Bradypus variegatus)* auf dem Festland. Sein Fell ist von Algen grün gefärbt, diese sorgen nicht nur für Tarnung, sondern bieten auch immer einen kleinen Snack.

Das kleinste Faultier

Immer wieder wurden Wildtiere zu Inselbewohnern, weil das Meer sie auf einer Insel an Land gespült hatte oder weil ihr Festlandslebensraum durch den Anstieg des Meeresspiegels zu einer Insel wurde. Einige der merkwürdigsten Tiere auf Erden sind Inselbewohner.

In der Karibik liegt vor der Küste von Panama die Insel Escudo de Veraguas. Die nur etwas mehr als vier Quadratkilometer große Insel ist relativ jung, sie wurde vor höchstens 9000 Jahren vom mittelamerikanischen Festland getrennt. In dieser entwicklungsgeschichtlich überraschend kurzen Zeit entwickelten sich einige der auf der Insel isolierten Arten zu eigenständigen Spezies. Das geschah auch mit dem Braunkehl-Faultier *(Bradypus variegatus)*. Faultiere mögen gute Schwimmer sein, die 17 Kilometer zum Festland stellen jedoch eine unüberwindliche Barriere dar. In der Abgeschiedenheit schrumpften die Individuen der Art allmählich um rund 40 Prozent, und sie bringen inzwischen weniger auf die Waage als eine Hauskatze. Ihnen wuchs auch längeres Haar auf dem Kopf, wodurch sie wie vermummt wirken, die Schädelform veränderte sich ebenfalls. Wissenschaftler betrachten die Art auf Escudo de Veraguas als eigenständig und haben ihr den Namen Zwergfaultier *(Bradypus pygmaeus)* gegeben.

Wie alle Faultiere lebt es auf Bäumen und scheint die meiste Zeit seines Lebens am selben Fleck im Wald der Roten Mangroven *(Rhizophora mangle)* zu bleiben, wo es sich von Blättern ernährt. Verglichen mit dem Futter der Festlandfaultiere liefern die Blätter relativ wenige Nährstoffe, was bis zu einem gewissen Grad die Reduzierung der Körpergröße erklärt.

Zwergfaultiere sind ausgezeichnete Beispiele für die sogenannte Inselverzwergung, bei der eine Spezies von Generation zu Generation kleiner wird, bis sie sich bei einer neuen Größe und einem neuen Gewicht stabilisiert. Für diesen Vorgang gibt es mehrere Erklärungen. Am plausibelsten ist die

◀ **Auf dem Wasserweg.** Ein Zwergfaultier *(Bradypus pygmaeus)* schwimmt bei Flut zwischen verschiedenen Mangrovengebieten hin und her. Wollen die sehr guten Schwimmer von einem Ort zum anderen gelangen, warten sie am besten auf die Flut und nehmen dann den Wasserweg.

◀ **Auf der Suche nach Liebe.** Zur Paarungszeit schwimmt ein männliches Zwergfaultier *(Bradypus pygmaeus)* zu einem anderen Mangrovenstrand. Ist ein Weibchen brünstig, stößt es Schreie aus, um potenzielle Partner anzuziehen. Der schnellste Weg zur Partnerin führt meistens durch das Wasser.

Annahme, dass Futterknappheit an Orten, von denen man nicht entkommen kann, kleineren Tieren einen evolutionären Vorteil verschafft, welche die Erbanlagen für geringere Größe an die nächste Generation weitergeben.

Eine Inselverzwergung tritt nicht nur auf Inseln in des Wortes engerer Bedeutung auf, sie kann generell bei Arten in isolierten Habitaten beobachtet werden – also auch in Höhlen und Oasen oder auf Berggipfeln, die man daher häufig auch als »Himmelsinseln« bezeichnet, weil ihre Ökologie der von echten Inseln gleicht.

Auf Escudo de Veraguas ist der Lebensraum des Zwergfaultiers auf den Mangrovenwald begrenzt, der inzwischen nur noch zehn Hektar bedeckt. Bei einer so kleinen Population auf so begrenztem Raum – es dürfte wohl nur noch einige Hundert Zwergfaultiere geben – ist es nicht überraschend, dass die Art offiziell als vom Aussterben bedroht eingestuft wurde. Für die noch existierenden Tiere ist das Leben allerdings angenehm: Sie haben so viel Futter, wie sie fressen können, wofür sie aufgrund ihrer geringeren Größe auch noch weniger Zeit aufwenden müssen als ihre Verwandten auf dem Festland, weshalb sie wiederum noch länger schlafen können. Nach den Maßstäben eines Faultiers kann man das als ein zutiefst idyllisches Leben beschreiben, lässt man einmal außer Acht, dass die Tiere auf ihrem Inselparadies gefangen sind.

Die größte Schildkröte

Eine reduzierte Körpergröße muss nicht immer der beste Weg sein, um auf einer Insel zu überleben. Manche Arten gingen den entgegengesetzten Weg und wurden zu Riesen. Dies ist nirgends offensichtlicher als auf den Galapagosinseln. Vor der Pazifikküste Südamerikas in der Nähe des Äquators liegend, rückten sie ins weltweite öffentliche Bewusstsein, nachdem Charles Darwin sie in den 1830er-Jahren besucht hatte. Seine Überlegungen bezüglich der seltsamen Lebensformen, denen er dort begegnet war und die sich an unterschiedliche Situationen angepasst hatten, führten ihn zur Entwicklung seiner Evolutionstheorie durch natürliche Auslese.

Wenige der Tiere, auf die er stieß, waren so eindrucksvoll wie die Riesenschildkröten *(Chelonoidis nigra)*, von denen eine im Durchschnitt etwa so viel wiegt wie drei erwachsene Männer. Früher einmal wanderten diese riesigen Reptilien über viele Kontinente der Welt, aber heute findet man sie nur noch auf zwei Inselgruppen, die einige Tausend Seemeilen voneinander entfernt liegen: auf Aldabra im Indischen Ozean und auf dem Galapagosarchipel, wo sie auf sieben der 21 Inseln leben. Diese Reptilien sind nicht nur riesig, sondern sie zählen auch zu den langlebigsten Tieren: In freier Wildbahn leben sie länger als 100 Jahre, und bei Schildkröten in Gefangenschaft geht man von einer möglichen Lebenserwartung nahe von 200 Jahren aus. Von den 15 bekannten Unterarten leben heute noch elf.

Wie viele andere Tiere auf den Galapagosinseln waren die Schildkröten vom südamerikanischen Festland her über den Ozean getrieben. Es gelang ihnen, die etwa 1000 Kilometer zu überwinden, weil sie auf dem Meer treibend mehrere Monate ohne Futter oder Trinkwasser auskommen können. Mit Unterstützung der Meeresströmungen konnten genügend Tiere die Inseln erreichen, um eine lebensfähige Population zu gründen.

Darwin war verblüfft über die Größe dieser Reptilien und notierte in seinem Tagebuch, dass bis zu acht Mann nötig waren, um eine Schildkröte anzuheben. Aber warum sind sie so groß? Eine Annahme besagt, dass nur die allergrößten Schildkröten eine so schwierige Meeresüberquerung überleben konnten, da es ihnen ihr großes Volumen und die im Verhältnis dazu geringe Oberfläche ermöglichten, Flüssigkeit im Körper zurückzuhalten, während sie gleichzeitig wegen ihres längeren Halses leichter atmen konnten. Auf den Inseln kam somit nur die genetische Anlage zu überdurchschnittlicher Körpergröße an.

Ein weiterer bemerkenswerter Aspekt sind die unterschiedlichen Formen des Panzers – und des Körpers allgemein – auf den einzelnen Inseln. Die Formen passen zu den Lebensbedingungen der jeweiligen Inseln: Bei Schildkröten auf Inseln mit üppiger Vegetation hat der Panzer eine Kuppelform, und der Hals ist kürzer; bei Schildkröten auf trockenen, wüstenähnlichen Inseln ist der Panzer sattelförmig und der Hals lang. Wahrscheinlich können Tiere bei reichlicher, niedrig wachsender Vegetation ihr Futter problemlos erreichen, während sie sich auf trockeneren Inseln zu höher wachsenden Pflanzen strecken müssen. Andere Wissenschaftler haben jedoch vorgebracht, die Körper- und Panzerformen könnten auch das Ergebnis sexueller Selektion sein, nachdem Generationen von Weibchen Männchen mit einem vorne höheren Panzer und einem längeren Hals bevorzugt hatten. Die Tatsache, dass auch vergleichsweise weniger eng verwandte Unterarten gleichartige zu den Bedingungen passende Formen entwickelt haben, spricht jedoch eher für die Theorie der Anpassung.

Darwin hat in seiner Zeit auf den Inseln den unterschiedlichen Panzerformen nur wenig Aufmerksamkeit geschenkt. Im Zuge der Entwicklung seiner Theorie in England stellte er dann zu seinem lebenslangen Bedauern fest, dass er die gesammelten Schildkrötenpanzer nicht immer mit den Namen der Insel beschriftet hatte, auf der er sie gefunden hatte, was sie als Beispiele zur Beurteilung seiner Annahmen stark entwertete.

Als die Inseln im 16. Jahrhundert entdeckt wurden, gab es dort wohl etwa eine Viertelmillion Riesenschildkröten; heute sind es nur noch einige Tausend. Seit ihr Lebensraum besser geschützt wird und eingeführte Arten, die ihre Existenz bedroht haben, bekämpft werden, scheint ihre Zukunft wieder gesichert zu sein.

► **Die große Überlebende.** Diese Aldabra-Riesenschildkröte *(Aldabrachelys gigantea)* auf dem entlegenen Atoll Aldabra im Indischen Ozean, einem Teil der Seychellen, ist über einen Meter lang. Sie ist ein Exemplar der einzigen Art der Riesenschildkröten, die in diesem Teil der Welt überlebt hat. Die anderen Arten sind von vorbeikommenden Seefahrern oder Siedlern ausgerottet worden, oder ihr Lebensraum wurde durch Tiere zerstört, die den Menschen begleiteten. Diese Riesen können über 100 Jahre alt werden, wahrscheinlich sogar älter als 150 Jahre.

Hier könnte es Drachen geben

Wer einen beinahe echten Drachen sehen möchte, muss zu einigen der über 17 000 Inseln reisen, die gemeinsam den Archipel Indonesien bilden. Hier ist die größte und furchterregendste noch lebende Echse der Erde zu finden: der Komodowaran *(Varanus komodoensis)*. Die erst im Jahr 1912 erstmals wissenschaftlich beschriebene Spezies dürfte bereits alten Kartografen bekannt gewesen sein, denn sie kennzeichneten diese Region auf Karten mit der unheilschwangeren Warnung »Hier könnte es Drachen geben«.

Dieses riesige Reptil kann drei Meter lang werden und das Gewicht eines erwachsenen Mannes erreichen. Es hatte vier Millionen Jahre Zeit für seine Entwicklung, denn seit dieser Zeit sind seine Heimatinseln durch den steigenden Meeresspiegel isoliert. Die damals lebenden Echsen waren bereits zäh und kräftig mit einer widerstandsfähigen Haut. Da es keine größeren Rivalen gab, wurden sie zu den unbestrittenen Herrschern über ihr Inselreich. Wie die meisten Echsen muss sich ein Komodowaran jeden Morgen in der Tropensonne wärmen, um die nötige Energie für seine Aktivitäten zu bekommen. Aber er scheint selten in Eile zu sein, wenn er auf der Suche nach einer potenziellen Mahlzeit gemächlich und mit Bedacht sein Inselterrain durchwandert.

Komodowarane haben einen ausgezeichneten Geruchssinn, sodass sie eine Beute in der Nähe wittern. Häufig lauern sie ihren Opfern auf, und sie können sich für ein so großes Tier bemerkenswert gut verstecken, um dann sehr dynamisch zuzuschlagen. Obwohl unterschiedliche Beutetiere auf ihrem Speiseplan stehen – Vögel, Säugetiere und sogar Wirbellose –, fressen sie auch Aas: Ein bereits toter Hirsch verlangt keinen Jagdaufwand, ist aber ein ebenso wertvolles Futter wie ein selbst erlegter. Auf einer Insel, wo das Nahrungsangebot naturgemäß eingeschränkt sein kann, darf man zudem nicht wählerisch sein. Kommodowarane verfügen über eine effektive Waffe: Wenn sie – mit vergleichsweise geringem Bissdruck – zubeißen, sondern sie ein Gift ab, das innerhalb einiger Stunden tödlich wirkt. Ein jagender Waran wartet also geduldig, bis sein Opfer entweder an Blutverlust oder an den Folgen der Vergiftung stirbt oder zumindest so schwach ist, dass es keine Bedrohung mehr darstellt.

In kaum einem Lebensraum steht ein Reptil an der Spitze der Raubtiere. Warane haben jedoch auf den Inseln keine Rivalen. Auch ihr Fortpflanzungsverhalten kann recht ungewöhnlich und an Inselbedingungen angepasst sein: Neben der geschlechtlichen Fortpflanzung sind weibliche Warane zur Parthenogenese fähig, sie können Nachkommen hervorbringen, ohne dass ihre Eier von einem Männchen befruchtet wurden, und zwar ausschließlich

▶ **Witterung aufnehmen.** Einem Komodowaran *(Varanus komodoensis)*, der seine Beute mit der Zunge wittert, tropft Speichel aus dem Maul, der voller Bakterien ist, die ihm zusätzlich zu seinem Gift helfen, jedes Tier zu töten, das er gebissen hat.

männliche. So kann ein Weibchen einen neuen Lebensraum – zum Beispiel eine Insel – alleine besiedeln, indem es sich mit seinen Söhnen paart.

Komodowarane jagen, was unter heute noch lebenden Echsen einmalig ist, auch gemeinsam in Rudeln. So erhöhen sie ihre Erfolgschancen. Das dann folgende gemeinsame Fressen kann unter den Tieren aber zu Streit führen, wobei normalerweise die schwächeren Warane das Feld räumen. Einige wenige Angriffe von Komodowaranen auf Menschen gelten als belegt, auch für einen Menschen ist ein unbehandelter Biss mit großer Wahrscheinlichkeit tödlich. Es kommt jedoch eher einmal vor, dass Komodowarane sich an zu flachen menschlichen Gräbern zu schaffen machen.

Beim Vergleich dieser riesigen Reptilien mit den deutlich kleineren Waranen auf dem australischen Festland könnte man leicht annehmen, dass sie Beispiele für den Riesenwuchs sind, der auf Ozeaninseln vorkommt und große Arten hervorbringen kann. Aber auch wenn uns der Komodowaran wie ein Riese vorkommt, könnte er sich aus dem längst ausgestorbenen Festlandsverwandten *Varanus priscus* entwickelt haben, der mit einer Länge von bis zu sieben Metern mehr als doppelt so lang war wie die Warane heute.

Raufende Riesen. Zwei männliche Komodowarane *(Varanus komodoensis)*, die größten Eidechsen der Welt, ringen auf der Insel Rinca miteinander, wo es für diese Tiere ein Schutzgebiet gibt. Meist dauert eine Runde zwischen den erstaunlich behenden Waranen nur Sekunden, dann landet einer auf dem Rücken.

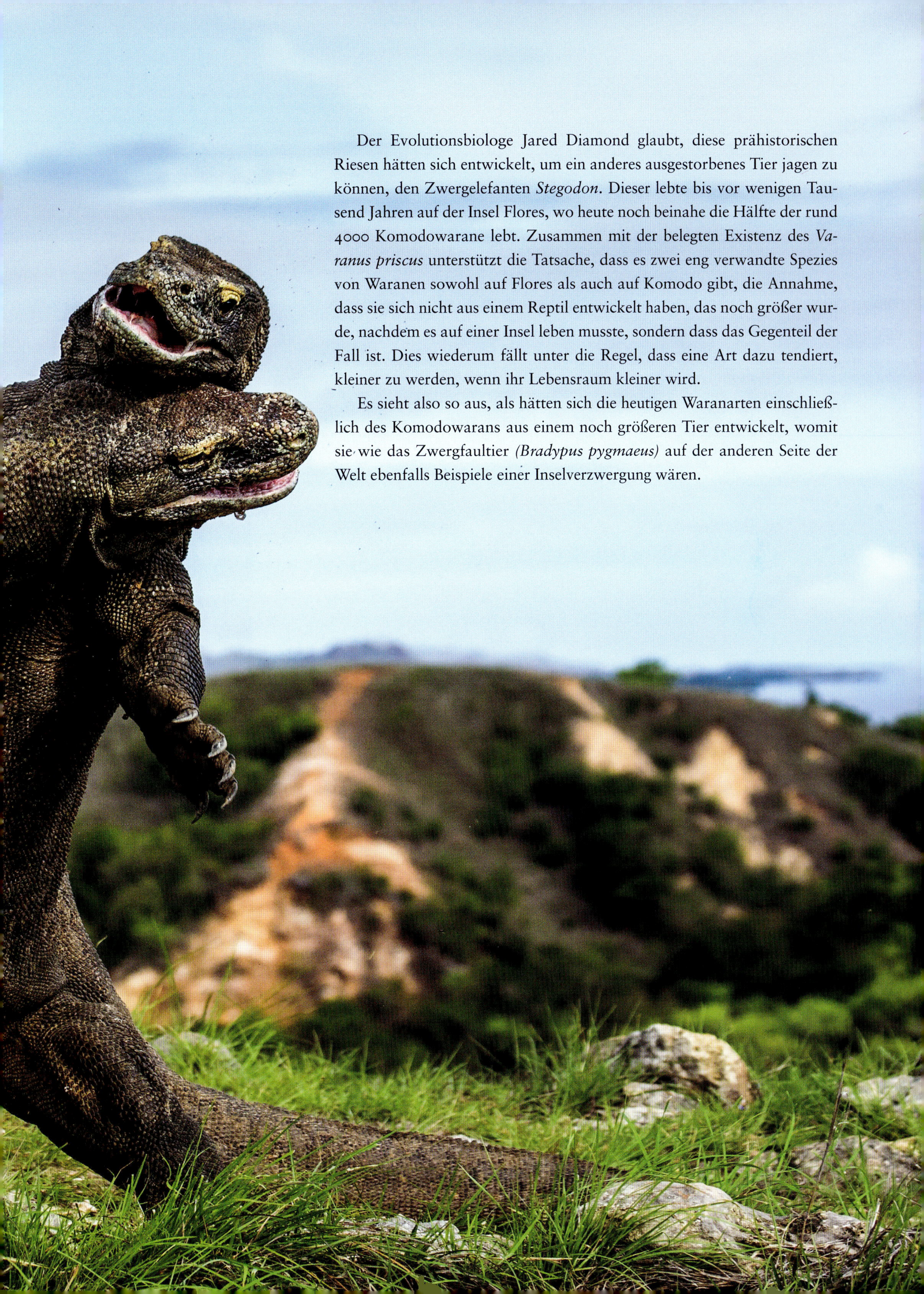

Der Evolutionsbiologe Jared Diamond glaubt, diese prähistorischen Riesen hätten sich entwickelt, um ein anderes ausgestorbenes Tier jagen zu können, den Zwergelefanten *Stegodon*. Dieser lebte bis vor wenigen Tausend Jahren auf der Insel Flores, wo heute noch beinahe die Hälfte der rund 4000 Komodowarane lebt. Zusammen mit der belegten Existenz des *Varanus priscus* unterstützt die Tatsache, dass es zwei eng verwandte Spezies von Waranen sowohl auf Flores als auch auf Komodo gibt, die Annahme, dass sie sich nicht aus einem Reptil entwickelt haben, das noch größer wurde, nachdem es auf einer Insel leben musste, sondern dass das Gegenteil der Fall ist. Dies wiederum fällt unter die Regel, dass eine Art dazu tendiert, kleiner zu werden, wenn ihr Lebensraum kleiner wird.

Es sieht also so aus, als hätten sich die heutigen Waranarten einschließlich des Komodowarans aus einem noch größeren Tier entwickelt, womit sie wie das Zwergfaultier *(Bradypus pygmaeus)* auf der anderen Seite der Welt ebenfalls Beispiele einer Inselverzwergung wären.

Schlangen wie Spaghetti

Wie das Beispiel des Zwergfaultiers *(Bradypus pygmaeus)* gezeigt hat, bringt eine Reduzierung der Körpermasse einige Vorteile mit sich. So kommt man besser mit Futterknappheit zurecht, und da normalerweise kleinere Arten auch eine höhere Reproduktionsrate haben, können sie auf plötzliche Veränderungen in der Umgebung schneller mit Anpassung reagieren. Bei einem Räuber geht man zuerst einmal davon aus, dass die Vorteile von Größe und Kraft eventuelle Nachteile überwiegen. In den Wäldern der Karibikinsel Martinique lebt allerdings ein Räuber, der so winzig und so leicht zu übersehen ist, dass er erst 2008 für die Wissenschaft beschrieben wurde.

Die Zweistreifen-Schlankblindschlange *(Leptotyphlops bilineatus)* auf Martinique ist nur etwa zehn Zentimeter lang und so dünn wie eine Spaghetti, sie konkurriert mit der Schlankblindschlange von Barbados *(Tetracheilostoma carlae)* um den Titel der kleinsten Schlange der Welt. Da man die kleinsten Schlangen der Welt auf isolierten Karibikinseln entdeckt hat, muss es auch für Räuber auf Inseln einen Vorteil haben, ungewöhnlich klein zu sein. Die Tatsache, dass es auf diesen Inseln kaum andere Raubtiere gibt, die ihnen gefährlich werden können, erlaubt es den Schlangen, so winzig zu sein, dass sie sich in kleine Räume zwängen können, wo sie Ameisen- und Termiteneier als reichliche Futterquelle vorfinden. Die extreme Miniaturisierung hat aber auch ihren Preis. Während die meisten Schlangen bis zu 100 Eier legen, ist es bei den kleinsten Schlankblindschlangen nur ein einziges. Sie haben schlicht in ihrem Körper nicht genügend Platz, um mehr Eier zu produzieren, die Schlüpflinge von überlebensfähiger Größe hervorbringen könnten. Die für Reptiliennachwuchs übliche Strategie »Sicherheit durch große Anzahl« muss fallen gelassen werden. Die Reproduktionsrate der Arten ist äußerst gering, wodurch sie durch äußere Faktoren, wie das Verschwinden ihres Waldlebensraums oder Tropenstürme, besonders gefährdet sind.

Dennoch sind viele Reptilien- und Amphibienformen auf Inseln immer kleiner geworden: Der Wissenschaftler, der die Schlankblindschlange auf Barbados entdeckte, fand auf einer »Himmelsinsel« auf Kuba auch einen der kleinsten Frösche der Welt und auf einer isolierten Karibikinsel, den winzigen Jaragua-Gecko *(Sphaerodactylus ariasae)*. Wenn man als Art eine ökologische Nische hat, scheint es evolutionär sinnvoll zu sein, entweder sehr klein oder aber sehr groß zu sein, wie die Riesenschildkröten auf Galapagos *(Chelonoidis nigra)* und Aldabra *(Aldabrachelys gigantea)* zeigen.

▶ **Fadendünne Schlange.** Die kleinste Schlange der Welt arbeitet sich im Wald der Karibikinsel Martinique durch das Laub. Diese Zweistreifen-Schlankblindschlange *(Leptotyphlops bilineatus)* ist so klein, wie eine Schlange nur sein kann. Auf der Suche nach Termiten und Ameisen kann sie in engste Spalten vordringen. Der Preis ihrer Zierlichkeit ist, dass sie nur jeweils ein Ei produzieren kann. Sie kann auch die Kiefer ihres winzigen Mauls nicht aushängen wie andere Schlangen, sondern muss ihre Beute quasi aufsaugen.

Die vielen Erscheinungsbilder der Lemuren

Das Leben auf einer Insel führt nicht nur zu Größenextremen, sondern es erlaubt Arten, die seit Millionen Jahren vom Festland isoliert sind, sich zu einmaligen Formen zu entwickeln. Der richtige Ort, um dies zu beobachten, ist Madagaskar, die älteste Insel der Erde. Sie wurde vor mindestens 165 Millionen Jahren vom afrikanischen Festland getrennt und löste sich vor rund 88 Millionen Jahren auch vom indischen Subkontinent. Es gibt keinen besseren Ort, um nach Kuriositäten der Evolution zu suchen. Madagaskar ist ein lebendiges Labor: Fauna und Flora der Insel sind so eigenständig, dass die Insel den Beinamen »achter Kontinent« erhalten hat.

Madagaskar ist mehr als anderthalb mal so groß wie Deutschland, und nicht weniger als 10 000 dort wachsende Pflanzenarten gibt es nirgendwo sonst, das sind mehr als 80 Prozent aller Pflanzenarten auf der Insel. Ebenfalls nur auf Madagaskar beheimatet sind 96 Prozent der dortigen Reptilien, 60 Prozent der Vögel, etwa 100 Fischarten, alle Arten der landbewohnenden Schlangen – etwa 650 – und die meisten Schmetterlinge. Besonders faszinierend sind jedoch Madagaskars einmalige Säugetiere.

▲ (links) **Aye-Aye.** Den bedrohten nachtaktiven Lemuren auf Madagaskar *(Daubentonia madagascariensis)* bekommt man selten zu Gesicht. Er hat einen verlängerten Mittelfinger, mit dem er durch Klopfen Hohlräume im Holz aufspürt. Darin verborgene Insektenlarven puhlt er heraus. Mit seinen riesigen Ohren kann er sogar die leisen Geräusche seiner Beute hören. Er frisst auch Samen, Nüsse und Früchte.

(rechts) **Berthe-Mausmaki.** Der Lebensraum des kleinsten bekannten Primaten der Welt *(Microcebus berthae)* ist auf ein kleines Gebiet im Trockenwald auf Madagaskar beschränkt. Er ist nachtaktiv und ernährt sich von Früchten, Harz und den zuckerhaltigen Absonderungen von Insekten.

▲ (links) **Schwarzweißer Vari.** Diese Lemurenart *(Varecia variegata)*, die zu den größten auf Madagaskar gehört, ist vom Aussterben bedroht. Sie ernährt sich hauptsächlich von Früchten, Samen und Blättern und schlürft auch Nektar, wodurch sie die Blüten zumindest einer Baumart bestäubt. Dadurch ist dieser Lemur vermutlich der größte Bestäuber der Welt.

(rechts) **Goldkronensifaka.** Dieser Früchte- und Blätterfresser *(Propithecus tattersalli)* gehört zu einer weiteren Lemurenart, deren Lebensraum auf ein Waldgebiet in einer einzigen Region Madagaskars begrenzt ist, weshalb sie durch das Verschwinden ihres Lebensraums akut vom Aussterben bedroht ist.

Von den etwa 200 auf der Insel lebenden Säugetierarten gehört über ein Drittel einer einzigen Teilordnung an: den Lemuren *(Lemuriformes)*. Sie haben einen Artenreichtum entwickelt, der jede mögliche Nische des Lebens auf den Bäumen füllen kann. Lemuren sind primitive Primaten, eng verwandt mit den anderen großäugigen nachtaktiven Baumprimaten, den Pottos *(Perodicticus)* und den Loris *(Lorisidae)*. Die Vorfahren der Lemuren scheinen vor rund 60 Millionen Jahren auf großen Pflanzenteppichen über das Meer vom im Westen gelegenen afrikanischen Festland nach Madagaskar gekommen zu sein. Was sie vorfanden, muss ihnen wie das Paradies erschienen sein: keine großen Raubtiere und eine Reihe nur dünn oder gar nicht besetzter ökologischer Nischen, um die mit ihnen nur wenige andere Säugetierarten konkurrierten.

So konnten sich die Vorfahren der Lemuren mit der Zeit in Arten mit sehr unterschiedlichen und unverwechselbaren Körperformen und -größen weiterentwickeln. Jede davon bildete einen besonderen, für ihre Nische passenden Lebensstil heraus. Einige, wie die Vari *(Varecia)*, entwickelten sich so, dass sie wie Affen von Baum zu Baum springen können; andere, wie die Kattas *(Lemur catta)*, können geschickt und ausdauernd auf dem Boden laufen. Auch Persönlichkeit und allgemeines Verhalten sind bei den einzelnen Arten sehr unterschiedlich. Kattas sind als gesellige Tiere bekannt, während der geheimnisvolle Indri *(Indri indri)* – mit bis zu neun Kilogramm Gewicht der größte lebende Lemur – eher ein Einzelgänger ist.

Auch Nahrung und Fressverhalten der Lemurenarten unterscheiden sich. Einige verzehren Insekten, andere Früchte und Nüsse, und die zur Gattung der Bambuslemuren *(Hapalemur)* gehörenden Arten leben, wie der Name vermuten lässt, ausschließlich von Bambus. Nicht wenige gehen im Schutz der Dunkelheit auf Futtersuche, was auch erklärt, warum mehrere Lemurenarten erst in den letzten zehn Jahren entdeckt wurden.

Diesen nachtaktiven Lebensstil pflegen auch zwei sehr unterschiedliche Arten von Lemuren. Das Fingertier oder Aye-Aye *(Daubentonia madagascariensis)* bewegt sich auf der Suche nach Insekten und deren Larven langsam durch das Blätterdach des Waldes. Seine Nahrung pult es mit seinem verlängerten Mittelfinger aus Löchern im Holz. Der Berthe-Mausmaki *(Microcebus berthae)* ist der kleinste Primat unseres Planeten und wiegt im Durchschnitt gerade einmal etwas mehr als 30 Gramm. Sein Vorkommen ist auf ein kleines Gebiet im Regenwald an der Westküste Madagaskars beschränkt, wo er sich von Früchten und den zuckerhaltigen Absonderungen von Insekten ernährt.

Der Larvensifaka *(Propithecus verreauxi)* hat sich in einem Habitat eingerichtet, das so abweisend ist, dass nur wenige andere Tiere hier ebenfalls zu Hause sind. Eine Population lebt in einem dichten Dornwald in einem wüstenähnlichen Gebiet im Süden Madagaskars. Dort springen diese Lemuren von einem dornigen Baumstamm zum nächsten, ohne sich dabei aufzuspießen. Mütter tragen bei diesen bis zu zehn Meter weiten Sprüngen zusätzlich noch ihr Junges am Bauch oder auf dem Rücken. Am Boden bewegen Larvensifakas sich höchst merkwürdig: Sie hüpfen und tänzeln seitwärts, wobei sie ihre Arme über den Kopf nach oben strecken.

Aufgrund mangelnder Konkurrenz und des hohen Grads an Spezialisierung auf viele unterschiedliche Nischen dominieren Lemuren die Säugetierwelt Madagaskars. Etwa 60 Millionen Jahre lang hat diese Strategie gut funktioniert, aber vor einer in den letzten Jahrhunderten aufgetretenen Bedrohung konnte auch die Spezialisierung die Lemuren nicht bewahren. Einige Formen der Anpassung schadeten den betroffenen Arten sogar: Seit der Ankunft des Menschen auf der Insel vor knapp 2000 Jahren sind mindestens 17 Lemurenarten ausgestorben, bezeichnenderweise ausnahmslos größere Arten als die heute noch lebenden. Sie waren eine lohnende und wohl auch vergeichsweise einfach zu erbeutende Nahrungsquelle. Heute sind nach Angaben der International Union for Conservation of Nature 94 Prozent aller Lemurenarten vom Aussterben bedroht – meist durch Abholzung der Wälder, die Jagd oder weil sie als Haustiere gefangen werden. Die politische Instabilität auf Madagaskar ist ein Hindernis für den effektiven Schutz dieser faszinierenden Teilordnung der Primaten.

► **Ein mächtiger Sprung.** Ein Larvensifaka *(Propithecus verreauxi)* nutzt seine kraftvollen Hinterbeine, um im Dornenwald im Süden Madagaskars von Ast zu Ast zu springen. Im Vergeich zu anderen großen Lemurenarten hat er recht kurze Arme, kann jedoch weit springen.

► (nächste Seite) **Voller Elan!** Beim Überqueren einer freien Fläche zwischen verschiedenen Baumgruppen bewegt sich ein Larvensifaka in der typischen hüpfenden Seitwärtsbewegung und nutzt dabei seine Arme, um das Gleichgewicht zu halten. Fast schon überflüssig zu bemerken: Auch diese Art lebt nur in einem sehr eingeschränkten Gebiet und ist akut bedroht.

◀ **Freudiges Wiedersehen.** Ein Buller-Albatros-Weibchen *(Thalassarche bulleri)*, das bereits 24 Jahre alt sein kann, begrüßt seinen Partner, nachdem sie beide getrennt voneinander ein halbes Jahr auf hoher See verbracht haben. Er ist kurz vor seiner Partnerin zum gemeinsamen Nest zurückgekommen, das sie auf einer der Snaresinseln in einem Wald von *Olearia lyallii* gebaut haben. Sie nutzen dieses Nest, das aus Schlamm und pflanzlichem Material errichtet ist, bereits seit mehr als zehn Jahren. Die Bauweise hält auf den regenreichen Inseln Wasser von Ei und Küken fern.

Rückkehr von hoher See

Auf einer entlegenen, vom Wind gepeitschten Insel im Südpolarmeer steht das Wiedersehen eines Paares bevor, das sich beinahe ein halbes Jahr lang nicht gesehen hat. In dieser Zeit ist jeder der beiden Partner Tausende von Kilometern über die Ozeane der Südhalbkugel geflogen, ohne auch nur einmal auf festem Boden zu landen.

Es sind Buller-Albatrosse *(Thalassarche bulleri)* – das Männchen hat den Südwinter über dem Meeresstreifen südlich von Tasmanien verbracht, das Weibchen ist bis zu den Küsten Chiles und Perus geflogen, wo es in den nahrungsreichen Gewässern des Humboldtstroms gefischt hat. Das mag erklären, warum sie zu spät zu ihrem Rendezvous hier auf den Snaresinseln vor der Südspitze von Neuseeland kommt. Er wartet unruhig auf ihre Rückkehr, aber leider fallen viele Tausend Albatrosse jedes Jahr der industriellen Langleinenfischerei zum Opfer und kommen daher nicht wieder zurück.

Schafft es das Weibchen zurückzukehren, haben diese großen Meeresvögel keine Zeit zu verlieren. Der Sommer ist hier fruchtbar, aber kurz. In dem knapp bemessenen Zeitfenster müssen die zwei sich paaren, das Weibchen wird ein einziges Ei legen, und der ungemein possierlich aussehenden Jungvogel muss bis zur Flugreife aufgezogen werden.

Die hohe See mag wie ein lebensfeindliches Habitat wirken, für Albatrosse jedoch ist sie die Heimat – es ist für sie deutlich riskanter, an Land zu kommen. Daher entscheiden sich etwa 9000 Brutpaare der Buller-Albatrosse, eine kleine felsige Insel im Südpolarmeer zur Kinderstube zu machen. Hier sind sie sicher vor Räubern, denn außer dem Menschen hat noch kein Landsäugetier je dieses Eiland betreten. Jedes Jahr kehren die Albatrosse zum Brüten hierher zurück, ein im Jahr 1948 beringtes Paar brütete auch 1971, 23 Jahre später, noch am selben Nistplatz.

Albatrosse sind nicht die einzigen Vögel, welche die Vorteile eines sicheren Brutplatzes schätzen. Dunkle Sturmtaucher *(Puffinus griseus)* nisten hier zu Millionen in Erdlöchern im schlammigen Waldboden unter den Sträuchern der Art *Olearia lyallii*. Ihr schmackhaftes Fleisch war bei Seeleuten beliebt, die sich die drallen Jungvögel aus den Nestern holten. Außerdem brüten hier – und nirgendwo sonst – 25 000 Paare des Snaresinselpinguins *(Eudyptes robustus)*. Über drei Millionen Meeresvögel, die sich auf einem Gebiet von gerade einmal dreieinhalb Quadratkilometern drängen, gestalten die Insel: Die Sturmtaucher tragen Blätter in ihre Erdlöcher und reichern damit den Boden ebenso mit Nährstoffen an wie durch ihr Guano.

Schließlich kehrt das Albatrosweibchen zurück, was sie ihrem Partner mit einem lauten, tiefen Ruf signalisiert. Nun beginnt der Wettlauf: Werden sie es schaffen, ihr Küken aufzuziehen, bevor die Herbststürme über das ungeschützte Land fegen? Das Ei wird über zehn Wochen lang bebrütet, weitere 20 Wochen braucht das Junge, bis es flügge ist.

Während das Weibchen auf seinem Nest sitzt, hat es also recht viel Muße, die Natur seiner Inselumgebung zu betrachten. Die felsige Landschaft ist von riesigen Pflanzen übersät: von Macquariekohl *(Stilbocarpa polaris)* und einer Riesendistel *(Sonchus grandifolius)* sowie Wäldern von *Olearia lyallii*, welche die doppelte Größe eines Menschen erreichen. Da es hier keine pflanzenfressenden Säugetiere gibt, von denen sie abgeweidet werden, sind diese Pflanzenarten so riesig geworden.

Wenn alles gut geht, wird der Jungvogel sechs Monate, nachdem seine Eltern gelandet sind, flügge und verlässt das Nest. Er wird jedoch erst im Alter von zehn oder zwölf Jahren geschlechtsreif. Ein Jahrzehnt lang wird der Albatros das Südpolarmeer kennenlernen und mühelos im Gleitflug über Eisbergen und sturmgepeitschten Wellen schweben, bis er eines Tages an den Platz zurückkehren wird, wo er geboren wurde, um sein eigenes Junges aufzuziehen.

▲ **Inselzuflucht für Albatrosse.** Buller-Albatrosse *(Thalassarche bulleri)* auf ihren Sockelnestern zwischen *Olearia lyallii* und Macquariekohl *(Stilbocarpa polaris)*, der kein echter Kohl ist, aber früher von Seeleuten als Mittel gegen Skorbut geschätzt wurde.

► **Pinguine im Unterholz.** Snaresinselpinguine *(Eudyptes robustus)* durchqueren auf dem Weg zu ihren Nestern auf einer der Snaresinseln – der einzigen, auf der sie brüten – einen Bach.

Die fleischfressende Insel

Gegen Ende des Herbstes werden subantarktische Inseln wie die Snaresinseln zu unwirtlich für die meisten Vogelarten. Ein ganzjähriges Paradies für Vögel sind jedoch die Seychellen, direkt südlich des Äquators im westlichen Indischen Ozean. Oder doch nicht? Unter strahlendem Sonnenschein und nicht weit entferrnt von den weißen Sandstränden und dem tiefblauen Meer geschieht hier etwas sehr Unheimliches. Dabei spielt eine merkwürdige Pflanze ebenso eine Rolle wie ein Mitglied der Familie der Seeschwalben, der Schlankschnabelnoddi *(Anous tenuirostris)*.

Dieser elegante Meeresvogel nistet in großer Zahl auf der Insel Cousin, bis zu 80 000 Brutpaare drängen sich während der Monsunzeit von Juni bis August auf diesem winzigen Stück Land. Ihre Nester bauen sie aus Blättern und Algen, und zwar in Bäumen der Gattung *Pisonia*, in denen ihre Küken vor Räubern sicher sind, die am Boden unterwegs sind. Die Sicherheit der Küken ist jedoch trügerisch, denn parallel zu den Küken wachsen auch die hakenförmigen, spitzen und vor allem klebrigen *Pisonia*-Samen heran. Die Noddis sind zwar so vernünftig, nur in männlichen Bäumen zu nisten, aber die Samen der weiblichen Bäume fallen zu Boden, und sobald die Küken das Nest verlassen und anfangen, dessen Umgebung zu erkunden, kleben die Samen an ihrem wachsenden Gefieder fest.

Bleiben nur einige wenige Samen hängen, kommt das Junge damit zurecht, und wenn es schließlich flügge ist und wegfliegt, reisen die Samen mit und ermöglichen es der Pflanze, sich in einem großen Gebiet zu verbreiten. Der Trick der Pflanze kann für den Vogel aber auch fatal sein: Beladen mit zu vielen Samen kann ein Küken so schwer werden, dass es niemals abheben kann und am Boden stirbt. Es ist daher kein Wunder, dass die *Pisonia* von den Einheimischen auch als »Vogelfängerbaum« bezeichnet wird. Wahrscheinlich nutzt der Baum die verendeten Vögel sogar als Dünger.

Ein Verwandter des Schlankschnabelnoddis, die Australseeschwalbe *(Sterna nereis)*, meidet die Gefahren der *Pisonia*, indem sie auf kahlen Ästen des Baumes nistet. Dabei baut sie kein eigentliches Nest, sondern legt ein einziges Ei in eine flache Vertiefung auf dem Ast. So bleiben Ei und Küken relativ sicher vor Räubern, die sich nur selten auf die schmalen Äste wagen. Zudem vermeiden die Australseeschwalben so Nestparasiten, wie Zecken und Flöhe. Ein Risiko bleibt jedoch: Starke Winde können das Ei herabfallen lassen. Wenn dies geschieht, was gar nicht so selten der Fall ist, legt die Australschwalbe einfach ein neues Ei. Schließlich hat sie – anders als die Albatrosse auf den Snaresinseln – eine quasi endlose Brutsaison.

► (oben) **Probleme mit der Pisonia.** Eine junge Seeschwalbe der Art Schlankschnabelnoddi *(Anous tenuirostris)* trägt die Samen des »Vogelfängerbaums« in ihrem Gefieder. Während der Jungvogel seine Umgebung durchstreift hat, sind so viele *Pisonia*-Samen an ihm hängen geblieben, dass er niemals wird fliegen können. Sie lassen sich durch Gefiederpflege nicht entfernen.

(unten) **Das klebrige Ende.** Ein junger Schlankschnabelnoddi hat so viele *Pisonia*-Samen an sich getragen, dass sie letztlich zu Bewegungslosigkeit und dem Hungertod führten. *Pisonia*-Bäume tragen zweimal im Jahr Früchte, einmal bei der Ankunft der erwachsenen Noddis, das zweite Mal beim Flüggewerden der Jungen, sodass der Baum zwei Chancen hat, seine Samen zu verteilen.

Die Geburt einer Insel

Inseln entwickeln sich, inklusive ihrer mehr oder weniger starken Isolation, dynamisch, aber in der Regel langsam, wenn Verschiebungen der tektonischen Platten oder ein allmählicher Anstieg des Meeresspiegels sie vom Festland trennen. Einige Inseln entstehen jedoch sehr viel explosiver – sie tauchen in einem Wimpernschlag erdgeschichtlicher Zeit aus den Meerestiefen auf. In kaum mehr als sechs Monaten, zwischen November 1963 und Juni 1964, entstand eine völlig neue Insel vor der Südspitze Islands. Sie erhielt den Namen Surtsey, nach einem Riesen aus der isländischen Mythologie, und war das Ergebnis eines Vulkanausbruchs, die unter dem Meeresspiegel begann.

Nach dem Ende des Ausbruchs war Surtsey auf eine Fläche von fast drei Quadratkilometern angewachsen, und obwohl die Insel durch die von der Meeresbrandung hervorgerufene Erosion schon wieder etwas an Größe eingebüßt hat, erreicht sie noch immer eine Höhe von über 150 Metern über dem Meeresspiegel. Für Biologen bot das plötzliche Auftauchen dieser Insel eine wunderbare Gelegenheit zu studieren, wie lebende Organismen neues Land besiedeln. Von Beginn an konnten sie die Pflanzen und Tiere, die auf dem unberührten schwarzen Boden ankamen, katalogisieren und eingehend studieren: Insekten und Vögel, die dorthin geflogen waren, Pflanzen, deren Samen der Wind herangetragen hatte, und das Leben am Strand. Vom Zeitpunkt der ursprünglichen Unberührtheit an markierte jede Neuankunft eine Veränderung des Lebensraums.

Heute, ein halbes Jahrhundert, nachdem sich die Insel über den Meeresspiegel erhoben hat, umfasst die Liste der auf Surtsey vorkommenden Arten bereits über 70 Pflanzen, brütende Meeresvögel – darunter Möwen, Eissturmvögel *(Fulmarus glacialis)* und Papageitaucher *(Fratercula arctica)* – sowie Hunderte oft flugunfähige Wirbellose, die im Gefieder von Vögeln eingewandert sind oder über das Meer hergeweht wurden.

Weitere Inseln entstanden in den letzten Jahrzehnten in der Nähe von Japan, vor Tonga im Südpazifik und in der Kette der Hawaiiinseln, die selbst in Millionen von Jahren durch vulkanische Aktivität entstanden sind. Hawaii ist einer der entlegensten Archipele des Erdballs, und man geht davon aus, dass bevor Menschen vor rund 1700 Jahren die Inseln erreichten, stets 10 000 bis 100 000 Jahre vergingen, bis eine neue Art den Archipel erreichte. Mit der Ankunft des Menschen hat sich das radikal geändert: Auf Hawaii kommen heute 20 neue Spezies im Jahr an, die teilweise verheerende Schäden anrichten und viele einheimische Arten aussterben lassen.

◄ **Neugeborene Insel.** Das Eiland Surtsey ist das Ergebnis eines Vulkanausbruchs im Meer vor Island vor weniger als 60 Jahren. Heute wird die Insel von Pflanzen und Tieren besiedelt, die angeweht wurden, hierhergeflogen oder mit anderen mitgereist sind.

Wasserechsen

Wenn man als Art auf einer Insel eine dominante Rolle einnehmen möchte, kann es nicht schaden, früh dran zu sein. Egal ob Pflanze oder Tier, je früher man eine Insel besiedelt, desto größer ist die Chance, das gesamte Ökosystem zu beherrschen oder sich zumindest schon einmal optimal an die neue Umgebung anzupassen, bevor Konkurrenten oder Räuber auftauchen. Auf der Insel Fernandina – der jüngsten und größten der Galapagosinseln – konnte ein Reptil, die Meerechse *(Amblyrhynchus cristatus)*, auch deshalb eine dominante Stellung im Lebensraum einnehmen, weil seine Vorfahren die Vulkaninsel schon bald nach ihrem Auftauchen aus dem Meer erreichten.

Seit Leguane vor etwa acht Millionen Jahren vom südamerikanischen Festland aus die Insel auf Schwemmholz oder Vegetationsteppichen erreichten, haben sie sich an ein völlig neues Leben angepasst. Wie der Name bereits sagt, verbringt die Meerechse einen Teil ihrer Zeit im Meer, was sie unter den ungefähr 6000 Echsenarten der Welt einmalig macht.

Die Echsen sitzen aber auch viele Stunden faulenzend auf den harten schwarzen Felsen überall an der Küste herum. Es gibt nicht viel, was sie stören könnte – erwachsene Meerechsen haben keine Fressfeinde und höchstens einmal einen Artgenossen als Rivalen. Sollte sich der Hunger melden, gleitet die Echse einfach ins Meer, wo sie nach Futter taucht, vor allem nach Seetang. Je größer die Echse ist, desto tiefer kann sie tauchen, aber zur Not findet sich Seetang sogar entlang der Flutline an der Küste.

Aufgrund der Mitgift ihrer ausschließlich auf dem Land lebenden Art kühlt die Echse im kalten Meer jedoch schnell aus und muss dann wieder auf »Betriebstemperatur« kommen – kleinere Meerechsen können deshalb pro Tag nur einen längeren Tauchgang unternehmen. Ihren Zeitplan richten die Echsen nach den Gezeiten, nach dem Fressen im Meer wärmen sie sich in der Äquatorsonne auf, während die Rote Klippenkrabbe *(Grapsus grapsus)* abgestorbene Schuppen von ihrem Körper aufpickt, und kleinere Eidechsen in ihrer direkten Nähe Fliegen fangen. Beide Arten profitieren so von dem hier dominanten Tier.

Wie viele andere Reptilien legen Meerechsen ihre Eier in flache Gruben, in ihrem Fall in den Sand an den Stränden. Wenn im Juni die Jungen schlüpfen, warten die Räuber bereits. Galapagosbussarde *(Buteo galapagoensis)* und Prachtfregattvögel *(Fregata magnificens)* stürzen sich auf die geschlüpften Jungen. Zu den Angriffen aus der Luft kommt eine Gefahr von der Landseite, die Galapagosnatter *(Pseudalsophis biserialis)*. Trotzdem überleben genügend Tiere, um die Dominanz der Art auf den Inseln aufrechtzuerhalten.

Obwohl Charles Darwin sie als »abstoßende, schwerfällige Echsen ... Kobolde der Dunkelheit« beschrieb, bemerkte auch er anerkennend, auf welch außergewöhnliche Weise sich diese Echsenart an ihre Inselheimat angepasst hatte, indem sie eine ökologische Nische in einer Art und Weise nutzt, zu der kein anderes Mitglied ihrer Tierfamilie fähig ist.

► **Sonnenbaden auf der Insel.** Ein Meerechsenpaar *(Amblyrhynchus cristatus)* mit seinen Jungen, die ihre Eltern als wärmende Standfläche nutzen, um sich am Strand der Galapagosinsel Fernandina in der Sonne aufzuwärmen. Diese Echse hat sich an das Leben auf den rauen Inseln angepasst und frisst Seetang im Meer vor der Küste.

► (nächste Seite) **Zum Fressen abgetaucht.** Eine Meerechse »grast« im flachen Wasser vor Fernandina. Das Wasser ist sehr kalt, und obwohl Meerechsen recht lange die Luft anhalten können, müssen sie nach einer gewissen Zeit zurück an Land, um sich aufzuwärmen. Größere Echsen verlieren die Körperwärme langsamer und können daher auch länger im Wasser bleiben und tiefer tauchen als die kleineren.

Wettlauf ums Überleben

Leider werden die Eier der Meerechsen *(Amblyrhynchus cristatus)* von vielen in jüngerer Zeit auf den Galapagosinseln eingeführten Tieren gefressen, allerdings auch von einigen einheimischen Vögeln. Schlüpfen die Jungen und tauchen aus dem Sand auf, warten Schlangen, wie die Galapagosnattern *(Pseudalsophis biserialis)*, schon auf sie. Bewegt sich ein Echsenjunges behutsam, bleibt es vielleicht unbemerkt, da Schlangen Bewegungen besser wahrnehmen können als statische Objekte. Sobald die kleine Echse aber rennt, beginnt die Jagd, die manchmal von 20 bis 30 Nattern gemeinsam betrieben wird. Auf ebenem Untergrund sind die Echsenjungen in der Regel schneller, aber auf dem unwegsamen Lavagestein sind ihre Chancen schlechter, häufig werden sie dort von einem sich windenden Knäuel von Schlangen gefangen und lebendig verschlungen.

1 Die Beobachter. Galapagosnattern warten darauf, dass die Echsenjungen schlüpfen. Häufig in Gruppen von zehn oder mehr Schlangen lauern sie im Lavagestein auf eine Bewegung.

2 Die Jagd. Ein Echsenjunges hat sich zu hektisch bewegt. Die Nattern haben es entdeckt und jagen am Strand hinter ihm her.

3 Das Gewühl. Nachdem sie sich um die junge Echse geschlungen haben, bemühen sich mehrere Nattern, deren Kopf ins Maul zu bekommen und so das Tier für sich zu beanspruchen.

4 Das Ende. Mehrere Nattern halten das Hinterteil der Echse fest, werden aber schließlich der Schlange nachgeben, der es inzwischen gelungen ist, den Kopf ins Maul zu nehmen. Sie verschlingt den Leguan bei lebendigem Leib.

Rote Krabben und gelbe Ameisen

Selbst eine dominante Art sollte sich in keinem Lebensraum der Erde ihrer Position zu sicher sein, denn es muss sich nur ein einziger Faktor der Umwelt verändern, und schon kann alles hinfällig sein, was bis eben noch galt. Die Weihnachtsinsel liegt im Indischen Ozean, ein gutes Stück vor der Nordwestküste Australiens; ein Teil der Insel ist geografisch und ökologisch jedoch Neuguinea sehr ähnlich. Wie viele Ozeaninseln ist die Weihnachtsinsel vergleichsweise artenarm, ein Faktor, der einige der vorhandenen Arten allerdings hervorragend gedeihen lässt. Eine der bekanntesten Arten der Weihnachtsinsel ist die dortige Landkrabbe *(Gecarcoidea natalis)*.

Diese Art ist den entgegengesetzten Weg der Meerechsen *(Amblyrhynchus cristatus)* auf den Galapagosinseln gegangen, sie hat das Meer verlassen, um auf dem trockenen Land zu leben. Aber die Krabben müssen einmal

▲ **In Bewegung.** Eine weibliche Weihnachtsinsel-Krabbe *(Gecarcoidea natalis)*, die direkt nach der Paarung ihre befruchteten Eier unter sich trägt, ist unterwegs zum Strand. Die behäbigen Krabben entwickeln auf ihrer Wanderung enorme Kräfte.

► **Zurück vom Meer.** Krabbenweibchen kehren aus dem Meer zurück. Die Gezeitenströmung war passend, ihre Eier waren zum Brüten bereit und wurden dem Meer übergeben. Nach einem Monat werden die jungen Krabben auf die Insel zurückkehren, um als Landkrabben zu leben.

im Jahr ins Meer zurück, um dort ihre Eier abzulegen, da ihr Nachwuchs sich nur im Meer entwickeln kann. Jedes Jahr im November werden daher die Strände der Insel zum Schauplatz eines der großartigsten Tierschauspiele, wenn sich bis zu 80 Millionen Weihnachtsinsel-Krabben auf den weiten und gefärlichen Weg zum Meer machen. Vögel lauern ebenso wie Palmendiebe *(Birgus latro)*, enorm große Krebstiere, auf die wandernden Massen. Die größte Bedrohung geht jedoch von einem deutlich kleineren Tier aus.

Wie die Gelbe Spinnerameise *(Anoplolepis gracilipes)* auf die Weihnachtsinsel kam, ist nicht bekannt, sie könnte unbeabsichtigt aus Südostasien eingeführt worden sein. Heute ist sie überall in den Tropen zu finden und gilt als eine der schädlichsten invasiven Spezies der Welt. In geringer Anzahl sind die Gelben Spinnerameisen unproblematisch, haben sie jedoch Zugriff auf ergiebige Nahrungsquellen, können sie alle einheimischen Ameisen beherrschen. Sie bilden Superkolonien über riesige Gebiete hinweg und greifen sogar deutlich größere Tiere an, darunter die Roten Landkrabben. Dies geschieht, wenn diese ihre Reviere betreten, aber auch, wenn die

▲ **Gelbe Spinnerameiesen.** Mit Zucker vollgepumpt drängeln sich Gelbe Spinnerameisen *(Anoplolepis gracilipes)* auf einer Roten Landkrabbe der Weihnachtsinseln *(Gecarcoidea natalis)*. Sie greifen sie nicht etwa deshalb an, weil sie sie fressen wollen, sondern weil die wandernde Krabbe ihr Revier durchquert. Diese eingeführten Ameisen bilden auf der Weihnachtsinsel inzwischen Superkolonien und dezimieren die Krabben, die bedeutende Waldgärtner sind, was wiederum die Ökologie der Insel verändert.

▲ **Gemeinsame Beute.** Eine Gruppe Gelber Spinnerameisen *(Anoplolepis gracilipes)* trägt auf der Weihnachtsinsel ein Stück der Schere einer Roten Landkrabbe *(Gecarcoidea natalis)* fort – ein eiweißreicher Leckerbissen. Normalerweise ernähren sich die Ameisen vom Honigtau, der von Schildläusen abgesondert wird. Nachdem sie die Krabbe überwältigt haben, indem sie ihr Ameisensäure in Augen und Gelenke gespritzt haben, tragen sie Teile von ihr in ihre Superkolonie.

Krabben zum Strand wandern. Junge Krabben werden von den Ameisen gefressen, ältere Krabben erblinden von der Ameisensäure, die in ihre Augen gespritzt wird. Die Ameisen betrachten erwachsene Krabben nicht als Beute, sondern sie verteidigen lediglich ihr Revier. Trotzdem hat sich die Anzahl der Krabben auf der Weihnachtsinsel bereits halbiert, und sollte sich dieser Rückgang fortsetzen, könnte die Art in den nächsten Jahrzehnten verschwinden. Dies hätte für die Insel verheerende Auswirkungen: Die Roten Landkrabben graben Erdlöcher, die den Boden belüften, und sie fressen Unkräuter, die den Wald sonst verändern würden. Aktuell versuchen die ortsansässigen Behörden, die Ameisen unter Kontrolle zu bekommen, indem sie die Schildläuse *(Coccoidea)* bekämpfen, die den Honigtau absondern, von dem sich die Ameisen ernähren.

Sollte die Rote Landkrabbe verschwinden, wäre sie nicht die erste Inselart, die in kürzester Zeit aus der Position ungestörter Dominanz in die völlige Vernichtung gestürzt ist: 80 Prozent aller seit dem Jahr 1500 ausgestorbenen Arten, von denen man weiß, lebten auf Inseln.

Eine paradiesische Hölle

Das Beispiel der Weihnachtsinsel-Krabbe *(Gecarcoidea natalis)* zeigt, dass die Stärke, sich einem Lebensraum durch Spezialisierung hervorragend angepasst zu haben, zur Schwäche werden kann, wenn der Lebensraum sich ändert. Gibt es dann überhaupt so etwas wie das beständige Paradies?

Zavodovski Island ist eine subantarktische Vulkaninsel im Südatlantik und Teil der Südlichen Sandwichinseln. Sie ist ein unwirtlicher Ort – allerdings nicht für den Zügelpinguin *(Pygoscelis antarctica)*. Zavodovski Island beherbergt mit über 1,3 Millionen Paaren die größte Nistkolonie von Pinguinen auf der Welt. Pinguine bevorzugen Inseln wie Zavodovski, weil sie hier vor an Land lebenden Räubern geschützt sind. Achten müssen sie aber auf den Riesensturmvogel *(Macronectes giganteus)*, der über ihnen seine Kreise zieht und nach unbewachten Eiern oder Küken Ausschau hält. An die Küste Zavodovskis schlagen zudem kraftvolle Wellen, die Pinguine wie Spielzeug herumschleudern können, wenn sie versuchen, an Land oder ins Meer zu gelangen. Aus den Hängen der Insel dringen außerdem Schwefeldämpfe aus dem vulkanischen Inneren, allerdings ist der Wind meistens stark genug ist, um diese Dämpfe wegzutreiben.

Ein Paar Zügelpinguine bleibt nicht nur einander, sondern auch seinem Brutplatz treu und kehrt jeden November an denselben kleinen Fleck zurück. Das Paar wechselt sich bei der Erledigung der täglichen Pflichten ab, einer fängt Fische, um diese für die – meist zwei – Küken hochzuwürgen, der andere bleibt als Wachposten gegen plündernde Raubmöwen zurück. Die gleichzeitigen Rufe von Zehntausenden von Pinguinen mögen für Menschen nur eine Kakophonie sein, Zügelpinguine können aber wie andere in Kolonien brütende Meeresvögel auch die Rufe ihrer Partner und ihrer Küken zuverlässig aus dem ständigen Lärm heraushören.

Das reiche Futterangebot im umliegenden Meer verwandelt diesen in mancher Hinsicht höllisch erscheinenden Platz in den Augen der Pinguine sicherlich fundamental. Denn was letztlich auf einer Insel ebenso zählt wie an jedem anderen Ort der Welt, sind günstige Bedingungen, um zu überleben und sich fortzupflanzen. Deshalb ist für kaum zählbare Pinguine, die Jahr für Jahr zum Brüten nach Zavodovski Island kommen, diese raue Insel und das sie umgebende Meer wohl wirklich das Paradies.

◀ **Landungswellen.** Hunderte von Zügelpinguinen *(Pygoscelis antarctica)* versuchen, an einem kleinen, steilen und ungeschützten Strandabschnitt an Land zu gehen. Dabei nutzen sie wie Surfer die Brandung – einmal an Land müssen sie aber so schnell rennen wie nur möglich, um nicht von der nächsten Welle wieder erwischt zu werden. Trotzdem werden viele Pinguine zwischen Felsbrocken eingeklemmt und verletzt oder getötet.

▶ (nächste Seite) **Vulkanische Aussichten.** Das Bild zeigt einen kleinen Teil der Zügelpinguin-Kolonie auf der Nordseite von Zavodovski Island im Januar, wenn die meisten Paare Küken haben.

6
STÄDTE

EINE STADT KOMMT NIE zur Ruhe. In Städten ist der natürliche Zyklus von Aktivität und Erholung aufgehoben, ein Stadtbewohner ist sieben Tage die Woche rund um die Uhr aktiv. Heute lebt über die Hälfte der Weltbevölkerung – beinahe vier Milliarden Menschen – in Groß- und Kleinstädten. Bis zum Ende des Jahrhunderts könnten es mehr sein als die derzeitige Weltbevölkerung, rund neun Milliarden.

Dieses Phänomen ist relativ neu. Einige Bäume, die keimten, als die ältesten noch exisierenden Städte auf dem Planeten gegründet wurden, stehen noch immer, und vor rund 200 Jahren lebte nur einer von 30 Menschen in einem städtischen Umfeld. Man könnte daher vermuten, dass die Tierwelt, in der Lebensweisen im Allgemeinen in Zehntausenden oder sogar Millionen von Jahren geprägt werden, damit zu kämpfen hat, sich an das Stadtleben anzupassen. Die Städte liefern jedoch überall auf der Welt Futter, Wasser, Unterschlupf, Plätze, an denen Junge aufgezogen werden können, und darüber hinaus unzählige Möglichkeiten und Vorteile für Tierarten und Einzeltiere, die fähig und willens sind, sich an eine neue Lebensweise anzupassen.

Eine Stadtlandschaft ist ständigem Wechsel unterworfen und bringt häufig neue Gefahren, aber auch neue Möglichkeiten hervor. Extreme Anpassungsfähigkeit ist daher für Stadttiere unabdingbar. Diese Flexibilität zeigen Tiere der unterschiedlichsten Arten, von Waldvögeln, die in künstlichen Nistkästen brüten, über Eulen, die in der Stadt ihr Winterquartier beziehen, bis zu Hyänen *(Crocuta crocuta)* als Müllverwertern und Leoparden *(Panthera pardus)*, deren Dschungel die Straßen einer Großstadt sind.

Unter dem Gesichtspunkt eines Tieres ist ein wichtiges Merkmal der Städte ihre Vielfalt, die eine Reihe von Minihabitaten bietet. Diese unterteilen sich in zwei Kategorien. Die erste bezeichnen Ökologen als »eingekapselte Ländlichkeit«: übrig gebliebene Restflächen von Wald und Wiesen, Seen und Flüssen und gelegentlich einem Stück Heide- oder Moorlandschaft, die es bereits gab, bevor Menschen in großer Zahl kamen und das umgebende Land urbanisierten. Die zweite umfasst alle neuen Lebensräume, wie beispielsweise Parks, Gärten, Friedhöfe, Mülldeponien, Kanalufer und Grünstreifen neben den Straßen. Sie wurden oft gar nicht bewusst als

(vorherige Seite) **Stadtkatze.** Ein Leopard *(Panthera pardus fusca)* trinkt aus einer Quelle oberhalb der indischen Stadt Mumbai, einer der bevölkerungsreichsten Städte der Welt. Während die Menschen schlafen, schleichen die Leoparden, die im Stadtpark leben, durch die Straßen. Sie sind auf der Jagd nach Schweinen, Hunden und anderen Tieren.

◄ **Singapurs Superbäume.** Diese außergewöhnlichen 50 Meter hohen Bauwerke, die das Regenwasser auffangen sollen, sind mit einheimischen Pflanzen bewachsen und mit Solarzellen ausgerüstet, nachts leuchten sie. Sie sind das Ergebnis eines Plans, der besagt, dass das Zentrum von Singapur mit Grünflächen und »grüner« Architektur aufgewertet wird.

Naturräume angelegt, jedoch häufig von Wildpflanzen und Wildtieren als Lebensraum genutzt.

Als Ergebnis der Verschmelzung von natürlichen, halbnatürlichen und vom Menschen gestalteten Lebensräumen ist eine große Zahl an Pflanzen- und Tierarten in den Städten der Welt zu Hause. Man findet große und kleine Säugetiere, Meerestiere, Vögel und Insekten, Reptilien und Amphibien ebenso wie Wildblumen, Gräser und Bäume und viele kleine Lebewesen – und das häufig in weit höherer Populationsdichte als in ihrem ursprünglichen Lebensraum.

Das Leben im Dschungel der Städte ist für Wildtiere natürlich trotzdem kompliziert. Zuerst einmal müssen sie mit den Menschen zurechtkommen. Sind sie zu dieser Anpassung nicht fähig, werden sie in Städten keinen Erfolg haben. Für diejenigen jedoch, die über die Findigkeit, die Belastbarkeit und die Ausdauer verfügen, um hier zu überleben, kann die Stadt ein überaus lohnender Lebensraum sein.

▶ **Parcours nach Langurenart.** Ein Langurenweibchen *(Semnopithecus)* mit seinem Jungen vor dem Bauch springt in der indischen Stadt Jodhpur von Dach zu Dach und hält dabei mit seinem Schwanz die Balance. Die Languren Jodhpurs legen ihre Wege oft mit halsbrecherischen Sprüngen in hohem Tempo zurück. Da die Menschen ihnen auf den Dächern Futter auslegen, kommen einige Langurengruppen in der Stadt kaum je hinunter auf die Straße. Nachts schlafen sie auf Bäumen.

Heilige Primaten

Nur wenige Wildtiere kommen in einer städtischen Umgebung so gut zurecht wie die Hanuman-Languren *(Semnopithecus)*, eine der größten Affenarten Asiens. Benannt sind sie nach dem Affengott Hanuman, der eine Truppe von Affen anführte, um Sita, die Frau des Gottes Rama, vor einem Dämonenkönig zu retten – ein Kampf des Guten gegen das Böse. Die schwarzen Hände und das schwarzes Gesicht der Languren symbolisieren die Verbrennungen, die Hanuman in dieser heldenhaften Schlacht davontrug. Der Hanuman-Langur spielt in der hinduistischen Kultur Indiens eine besondere Rolle.

Der Großteil von Indiens rund 300 000 Languren lebt im trockenen tropischen Laubwald und verbringt mindestens das halbe Leben auf Bäumen. Daran sind diese Affen gut angepasst, sie können beinahe fünf Meter weit von Ast zu Ast und aus über zwölf Metern Höhe auf den Boden springen.

In der Stadt Jodhpur im Nordwesten Indiens führt eine Population von Hanuman-Languren jedoch ein völlig anderes Leben. Horden dieser Stadtaffen, jede von einem männlichen Alphatier angeführt, nutzen Bauwerke und Strukturen wie natürliche Bäume und Felsen, sie springen zwischen Mauern und Dächern umher. Anstatt sich von der Vegetation des Waldes zu ernähren, greifen sie auf Lebensmittel der Menschen zurück.

Auch im Dschungel der Großstadt ist die Position eines männlichen Anführers immer bedroht. Gruppen männlicher Jungaffen warten stets auf eine günstige Gelegenheit, ihn zu stürzen. Genau wie im Wald dauert seine Amtszeit selten länger als zweieinhalb Jahre. Das Stadtleben ist dabei

◄ **Affenspielplatz.** Eine Gruppe junger Hanuman-Languren *(Semnopithecus)* übt in der Sicherheit eines Innenhofs Hoch- und Weitsprung. Die zumeist blau angemalten Häuser der Stadt Jodhpur bieten ihnen einen abwechslungsreichen Lebensraum und sind frei von Räubern.

► **Festtag.** Es ist Dienstag – also Hanumantag –, und Gläubige haben in einem Hindutempel in Jodhpur Futter für die Hanuman-Languren ausgelegt. Auf den Dächern ihrer Häuser lassen die Menschen ebenfalls regelmäßig Futter zurück, und zwar meistens dann, wenn sie auch ihre eigenen Mahlzeiten zubereiten. Mindestens eine Languren-Horde hat sich daher angewöhnt, wie die Menschen drei Mahlzeiten pro Tag zu sich zu nehmen.

deutlich stressiger, allerdings wird das Alphamännchen hier bereits früher zeugungsfähig, ein Vorteil des Stadtlebens für die dort lebenden Gruppen.

Ein Weibchen beginnt mit etwa dreieinhalb Jahren, sich fortzupflanzen, die Languren im Wald erst etwa im doppelten Alter. Stadtweibchen bringen etwa ein Junges pro Jahr zur Welt, während die meisten Langurenweibchen im Wald dies nur alle 18 bis 24 Monate tun. Langurenweibchen werden bei der Betreuung ihrer Jungen von den anderen Weibchen der Horde unterstützt. Ein Weibchen in der Stadt kann bis zu 35 Jahre alt werden und wird in dieser Zeit wahrscheinlich die Mutter von doppelt so vielen Nachkommen, wie sie im Wald hätte auf die Welt bringen können. Einer der Vorteile, den Jodhpur in einer Gegend bietet, in der Trockenheit ein Problem sein kann, ist der ständige, problemlose Zugriff auf Wasser.

Hanuman-Languren kommen in der Stadt hauptsächlich deshalb gut zurecht, weil dort Futter so leicht verfügbar ist. Sie sind in erster Linie Nutznießer der Stadtbevölkerung, von der sie nahezu ihr gesamtes Futter erhalten. Sie müssen weder betteln noch stehlen; die Menschen tolerieren ihre Anwesenheit nicht nur, sondern fördern sie sogar, indem sie ihnen Futter hinstellen, ihr Picknick mit ihnen teilen und sie in ihren Gärten fressen lassen, alles zu Ehren von Hanuman. Die Languren werden ganz einfach geliebt. An Hinduschreinen wird sowieso stets Futter für sie ausgelegt, und in Hindutempeln ist es seit Langem Tradition, sie täglich zu füttern, besonders jedoch dienstags. Stirbt ein Langur an diesem geheiligten Tag, bekommt er sogar ein Begräbnis.

Genau wie andere heilige Tiere, etwa die Kühe, die über Indiens Straßen ziehen, sind auch die Hanuman-Languren gesetzlich geschützt und dürfen weder gefangen noch getötet werden. In keinem anderen Land werden zumindest einzelne Tierarten in den Städten so gut behandelt, man gesteht ihnen ganz selbstverständlich das Recht zu, neben den Menschen zu leben.

▲ **Die Demarkationslinie.** Außerhalb von Harar haben sich die Mitglieder eines Hyänenclans *(Crocuta crocuta)* mit aufgestellten Nackenhaaren in Position begeben, während sie einschüchternd die Hyänen eines anderen Clans in der Dunkelheit anstarren. Zwischen ihnen verläuft eine unsichtbare Demarkationslinie, wahrscheinlich gekennzeichnet durch Duftmarken. Es gibt hier drei Clans, und nachts in der Stadt kommen sie friedlich miteinander aus, weil ihre Hierarchie offenbar bereits vorher festgelegt wurde.

Die Putzkolonnen

Nur wenige der wirklich großen Wildiere werden von Menschen in Städten geduldet, die meisten werden aktiv verfolgt und getötet. Daher fürchten sie den Menschen ebenso sehr wie er sie. Warum also sollte eine Tüpfelhyäne *(Crocuta crocuta)*, eines der schrecklichsten Raubtiere Afrikas, sich dafür entscheiden, eine Pfote in die äthiopische Stadt Harar zu setzen?

In dieser Siedlung auf dem Hügel, wo ein Labyrinth aus schmalen Gassen und Lehmbauten, die von hohen Steinmauern umgeben sind, ein – beinahe autoverkehrsfreies – über 400 Jahre altes Verbindungsnetz schafft, sind diese furchterregenden Jäger aber willkommen. Während der Hitze des Tages schlafen die Hyänen in Höhlen außerhalb der Stadtmauern, bei Einbruch der Dämmerung machen sie sich auf den Weg nach Harar und

betreten die Stadt durch spezielle, für sie angelegte Hyänentore, um ins Zentrum der Stadt zu gelangen.

Sie kommen auf der Suche nach Futter, insbesondere Knochen, die von den Metzgern der Stadt für sie ausgelegt werden. Mit ihren unglaublich kräftigen Kiefern zerkleinern und fressen sie diese und erweisen der Stadt damit einen Dienst. Wirklich einmalig jedoch ist die Beziehung der Hyänen zur muslimischen Gesellschaft.

An anderen Orten Afrikas reißen Hyänen Nutztiere, und gelegentlich fallen ihnen sogar Menschen zum Opfer. In Harar aber töten sie niemals ein Tier und schaden keinem Menschen. Es ist, als hätten sie mit der Bevölkerung einen Pakt geschlossen, der jetzt bereits Hunderte von Jahren Gültigkeit hat. In der Stadt lebt sogar eine Familie, deren Mitglieder die Hyänen seit mehr als sechs Generationen mit Futter versorgen und eine so

◄ **Hyänentor.** Eine Hyäne *(Crocuta crocuta)* ist unterwegs zu einem Hyänentor in der Stadtmauer von Harar. Diese Eingänge – groß genug für Hyänen, aber zu klein für ein Belagerungsheer – wurden bereits vor Hunderten von Jahren in die Stadtmauern eingelassen.

► **Leckerli.** Als Beweis für die enge Beziehung zu der Hyäne Willi II. füttert Yusuf sie von Mund zu Mund mit Fleisch. Er ist »Hyänenmensch« in der fünften Generation und kennt die Namen jeder einzelnen Hyäne des Clans, der in der Nähe seines Hauses lebt. Nachts versorgt er die Tiere mit Abfällen vom Metzger und Gerber. Willi II. ist zwar keine hochrangige Hyäne in dem wie üblich von einem Weibchen geführten Clan, aber er ist frech und vorwitzig und wird daher oft zuerst gefüttert.

► (nächste Seite) **Unterwegs zum Fleischmarkt.** Auf dem Weg zum Zentrum der alten Stadt Harar passieren Hyänen etwas nervös die Polizeistation mit den bellenden Hunden. Menschen hingegen lassen die Hyänen völlig kalt, und auch diese nehmen kaum Notiz von ihnen. Wie schon seit Jahrhunderten haben die Metzger auf dem Marktplatz Knochen und Fleischabfälle liegen lassen, damit die Hyänen sie beseitigen.

starke Beziehung zu diesen Tieren haben, dass sie sie sogar von Mund zu Mund füttern können. Sie erkennen die einzelnen Tiere und haben ihnen Namen gegeben.

Die drei Hyänenrudel, die in Harar von der Bevölkerung unterstützt werden, schützen die Stadt vor den Angriffen anderer Rudel oder streunender Einzeltiere. Die drei Rudel leben in der Stadt friedlich nebeneinander. Eventuelle Kämpfe werden an bestimmten Treffpunkten im Umland ausgetragen. Solche Begegnungen sehen zwar schrecklich aus, aber nur wenige Hyänen werden dabei wirklich ernsthaft verletzt, da diese Zusammenstöße ritualisierten Abläufen folgen. Innerhalb der Stadtmauern verhalten sich die Hyänen ihren Artgenossen gegenüber relativ tolerant, sie erkennen einander am Geruch und an sichtbaren Merkmalen und haben die Hierarchie bereits andernorts festgelegt. In der Stadt gibt es zudem so gut wie keine Vegetation, und in den gepflasterten Straßen hätten Reviermarkierungen wenig Wirksamkeit.

Neben dem ganz konkreten Dienst, den die Hyänen den tief gläubigen Menschen dieser Stadt erweisen, erledigen sie noch eine spirituelle Aufgabe: Sie verschlingen Dschinns, böse Geister. Während überall sonst in Afrika das berühmte Gackern der Hyänen Furcht hervorruft, betrachten es die Menschen hier als ein Zeichen der Geisterabwehr, und es ist ebenso willkommen wie die Hyänen selbst.

◀ **Einbruch.** Ein Waschbär *(Procyon lotor)* versucht, das Fenster eines Hauses aufzuschieben. Studien aus den USA legen nahe, dass städtische Waschbären Probleme schneller lösen als ihre Artgenossen auf dem Land, was vermutlich daran liegt, dass sich nur die anpassungsfähigsten und intelligentesten Waschbären in der Stadt halten können.

▶ **Ein geschicktes Händchen.** Ein Waschbär, der gelernt hat, aus einem Hühnerstall Eier zu stehlen, nutzt seine geschickte und feinfühlige Pfote, um genau das zu tun.

Die Plünderer

Es ist schwer vorstellbar, dass die Menschen in europäischen und nordamerikanischen Städten Wildtieren gegenüber eine große Toleranz zeigen, insbesondere, wenn man an unsere Haltung gegenüber räuberischen Waschbären *(Procyon lotor)* denkt, die in Mülleimern wühlen. Das hat diese schlauen Geschöpfe jedoch nicht davon abgehalten, die Städte zu besiedeln. In einigen nordamerikanischen Städten haben es die Waschbären gelernt, mit ihren geschickten Händen Türen zu öffnen und durch kleinste Öffnungen zu greifen.

Am schwierigsten ist es für ein Tier, wenn es sich das erste Mal in eine städtische Umgebung wagt. Nachdem die jungen Waschbären die Sicherheit ihrer Höhle verlassen haben, führt ihre Mutter sie daher durch die Stadtlandschaft und bringt ihnen Verhaltensweisen bei, die sie zum Überleben brauchen werden. Waschbären bleiben gerne im Verborgenen und gehen normalerweise nur im Schutz der Dunkelheit auf Futtersuche. Ihre unersättliche Neugier sorgt dafür, dass sie in unserer Wegwerfgesellschaft reichlich Futter finden, diese Neugier bringt sie aber auch in Schwierigkeiten. Waschbären sind bekanntlich eigensinnig, und ihre Sturheit führt sie zu den merkwürdigsten Orten. Es könnte sogar sein, dass diese listige Art in den Städten noch intelligentere Individuen hervorbringt, weil die Tiere dort die vielen Probleme lösen müssen, die das Stadtleben so mit sich bringt. Ein

weiterer Grund für den Erfolg auch anderer mittelgroßer Säugetiere, wie dem Fuchs *(Vulpes vulpes)*, ist, dass sie genau die richtige Größe haben, um in der Stadt zurechtzukommen. Wirklich große Räuber, die eine potenzielle Bedrohung darstellen, würden von Menschen getötet oder verjagt, bevor sie die Möglichkeit hätten, sich niederzulassen. Mittelgroße Tiere, wie Füchse und Waschbären, erwecken in Menschen keine Furcht, sind aber groß und robust genug, um menschliche Einrichtungen optimal zu nutzen.

Unter anderem in der nordindischen Dreieinhalb-Millionen-Einwohner-Stadt Jaipur lebt eine Tierart, die noch dreister als Waschbären und wohl eine der frechsten Tierarten überhaupt ist: die Rhesusaffen *(Macaca mulatta)*.

▲ **Markträuber.** Eine Horde Rhesusaffen *(Macaca mulatta)* hat sich in die Sicherheit eines Hausdachs zurückgezogen, wo die Tiere das Obst fressen, das sie auf einem Markt gestohlen haben. Wenn sie in der Gruppe auf Raubzug gehen, haben die Menschen kaum Möglichkeiten, sie aufzuhalten.

Sie leben in Horden von Dutzenden von Tieren und werden ebenso wie die Hanuman-Languren *(Semnopithecus)* mit dem hinduistische Affengott Hanuman in Verbindung gebracht. Häufig findet man sie in der Umgebung von Tempeln und anderen heiligen Stätten.

Anders als die Languren entwickeln sich die Rhesusaffen häufig zu einer echten Plage. Ihre Dreistigkeit ist unglaublich, sie stehlen Lebensmittel, insbesondere von offenen Auslagen auf den Stadtmärkten, und dringen in Häuser ein. Umso bemerkenswerter ist es, dass sie trotzdem noch immer verehrt werden, selbst in nicht mehr so stark religiös geprägten Gegenden Indiens. Auch in der Hauptstadt Delhi, wo ihre Population auf

eine sechsstellige Zahl geschätzt wird, dringen diese neugierigen Affen zu Orten vor oder in Gebäude ein, an denen sie nichts verloren haben und wo sie große Schäden und Unannehmlichkeiten verursachen.

Sie bringen sich selbst und ihre menschlichen Nachbarn immer wieder ernstlich in Gefahr, indem sie Stromkabel wie Äste benutzen. Die Toleranz, die diesen mutwilligen Tieren in den großen Städten entgegengebracht wird, ist außergewöhnlich und geht noch weit über jene hinaus, welche die zurückhaltenderen Languren genießen. Man hat schon versucht, die Rhesusaffen durch das Abspielen lauter Geräusche zu vergrämen, Languren sollten die kleineren Plagegeister abschrecken und sogar Zwangssterilisation wurde erprobt. Aber trotz aller Konflikte toleriert die Bevölkerung Delhis die Anwesenheit dieser so aufdringlichen wie charismatischen Primaten und betrachtet sie als Nachbarn, die ebenfalls das Recht haben, in der Stadt zu leben.

▲ **Hausbesetzer.** Vom Fenster eines Hauses beobachten zwei Rhesusaffen *(Macaca mulatta)* die Aktivitäten darunter. Die menschlichen Bewohner haben das Haus verlassen, also hält nun die Affenhorde in dem Haus ihre Siesta und verbringt dort auch die Nächte.

► **Äffischer Unfug.** Junge, immer zum Spielen aufgelegte Rhesusaffen lernen spielerisch die sozialen Fähigkeiten der Erwachsenen.

Der Dieb des roten Spielzeugs

Auch der außerordentlich kreative Graulaubenvogel *(Chlamydera nuchalis)* Nordaustraliens interessiert sich sehr für das Stadtleben. Dabei geht es ihm in erster Linie um die Möglichkeiten, die ihm die Stadt im Rahmen seiner innenarchitektonischen Bemühungen bietet. Der Vogel, der ursprünglich nur in recht unterschiedlichen natürlichen Lebensräumen zu Hause war, von Mangrovensümpfen bis hin zu Tropenwäldern, hat inzwischen wie viele andere australische Vögel gelernt, auch an der Seite des Menschen zu leben – insbesondere in der Stadt Townsville in Queensland.

Das Männchen dieses taubengroßen Laubenvogels baut eine kunstvolle Laube, eine von Zweigen gesäumte, einen Meter lange Allee, die zu einem Hof führt, in der es gerne vor jedem interessierten Weibchen auftritt, das ihm von der Allee aus zuschaut. Um sich noch attraktiver zu machen und sie dazu zu bringen, sich mit ihm zu paaren, dekoriert er seinen Hof mit allerlei Gegenständen. Die mögen auf den ersten Blick wie ein zufälliges Sammelsurium aus allerhand Plunder wirken, bilden aber tatsächlich ein sorgfältig farblich aufeinander abgestimmtes dekoratives Arrangement, das potenziellen Partnerinnen gefallen soll.

Jeder Vogel bevorzugt Gegenstände in einer bestimmten Farbe, wobei auffällige, leuchtende Farben bevorzugt werden, vor allem Rot. In ihrem natürlichen Habitat greifen die Männchen dabei auf rote Beeren und Blüten zurück, aber hier in der Stadt ist das Angebot noch erheblich breiter – die Kinder in Townsville lernen früh, keine kleinen roten Spielsachen im Garten liegen zu lassen.

Gelingt es einem Laubenvogelmännchen dennoch, ein rotes Spielzeug zu finden, nimmt es dieses mit »nach Hause« und verbringt Stunden damit, den Inhalt seiner Laube um das neue Prachtstück herum neu zu arrangieren. Es optimiert die Anordnung, um das Weibchen mit seiner Sorgfalt zu beeindrucken. Es ordnet die Objekte sogar nach Größe, wodurch es eine Perspektivwirkung erreicht – möglicherweise um selbst größer zu wirken, sicher jedoch, um seine Ausstellung noch auffälliger zu gestalten.

Werden die gestalterischen Fähigkeiten eines Männchens für gut genug befunden, paart sich das Graulaubenvogelweibchen mit ihm und verschwindet anschließend wieder. Das Männchen beteiligt sich nicht an der Aufzucht der Jungen. Das Weibchen erledigt Nestbau, Brüten und die Versorgung der Küken ganz allein, während sich das Männchen weiterhin der Pflege seiner Laube widmet.

▶ **Recyclingkunst.** Ein Graulaubenvogelmännchen *(Chlamydera nuchalis)* platziert im Rahmen seines umfangreichen Arrangements ein rotes Objekt mit großer Präzision dorthin, wo es weiß, dass es besonders anziehend auf Weibchen wirken wird. Im australischen Townsville bevorzugen die Laubenvögel für ihre Kunst Gegenstände aus Kunststoff – vermutlich, weil sie sehr haltbar sind und immer wieder verwendet werden können.

◄ **Endkontrolle.** Ohne vom Verkehr auf der Straße in Townsville hinter sich Notiz zu nehmen, inspiziert ein Graulaubenvogelmännchen *(Chlamydera nuchalis)* sein Schaugelände. Dort hat es eine Auswahl grüner Glasstücke und weißer und grauer Plastikobjekte und Steine sorgfältig arrangiert. Bewusst am Rand platzierte rote Gegenstände setzen auffällige Akzente.

Laubenvögel erreichen mit bis zu 30 Jahren ein für Singvögel recht hohes Alter, was den Männchen viel Zeit gibt, schlaue Strategien im Designwettbewerb zu entwickeln. Anstatt lange nach Gegenständen zu suchen, die in ihr individuelles Farbschema passen, stehlen sie diese oft einfach aus den Lauben benachbarter jüngerer Männchen. Sie haben damit sogar Erfolg, denn Weibchen lassen sich von älteren Männchen stärker beeindrucken, diese haben genau gelernt, was beim Werben um eine Partnerin funktioniert.

Gelegentlich jedoch wird der Spieß umgedreht. Ein älteres Männchen hält ein junges Männchen, dessen Gefieder dem eines Weibchens ähnelt und das sich seiner Laube nähert, irrtümlich für eine potenzielle Partnerin. Während das ältere Männchen sich auf das zwecklose Liebeswerben konzentriert, stiehlt das jüngere eines seiner wertvollen Dekorationsobjekte und bringt es in seine eigene Laube.

Massenbewegungen in die Stadt

Fressen und Fortpflanzung sind die beiden wichtigsten Aspekte im Leben jedes wild lebenden Tieres. Direkt danach folgt Sicherheit. Besonders kleine Vogelarten tendieren dazu, diese in der Menge zu suchen.

Es hat mehrere Vorteile, sich zum Schlafen in riesigen Schwärmen zu versammeln. Erstens wird es für einen Räuber dadurch schwieriger, sich auf ein einzelnes Tier zu konzentrieren, zweitens hilft das Zusammenkuscheln, warm zu bleiben. Am nächsten Morgen folgen dann alle den fittesten, am gesündesten aussehenden Vögeln dorthin, wo diese Futter finden.

Nicht alle Vögel schlafen nachts. Nachtaktive Arten, wie Eulen, suchen sich tagsüber ein ruhiges verborgenes Plätzchen, wo sie dem sogenannten »Hassen« entgehen können. So nennt man das Verhalten vieler Vogelarten, durch laute Rufe und Scheinangriffe potenzielle Feinde zu vertreiben und Artgenossen vor ihnen zu warnen. Einzelne Eulen sind diesem Verhalten stärker ausgesetzt als größere Gruppen, was auch ein Grund ist, warum sich in der Stadt Kikinda im Norden Serbiens jeden Winter Hunderte Waldohreulen *(Asio otus)* versammeln, um zu überwintern.

Sie könnten auch in der ländlichen Umgebung schlafen, es hat jedoch Vorteile, dies im Stadtgebiet zu tun. Die Anwesenheit der Menschen schreckt Räuber ab, und in einer Stadt ist es auch im Winter mehrere Grad wärmer als in den ländlichen Gebieten. Die Gebäude wirken als Wärmespeicher, welche die Temperatur nach Einbruch der Dunkelheit abgeben, und auch die Abgase des Verkehrs und aus Kaminen lassen die Temperatur steigen. Dieser urbane Wärmeinseleffekt kann einen gewaltigen Unterschied bedeuten und Tieren, aber auch Pflanzen das Überleben ermöglichen, wenn die Temperaturen auf dem umliegenden Land zu niedrig für sie wären. Die

Eulen in Kikinda sind jedoch ein relativ neues Phänomen, das erst seit 15 Jahren beobachtet wird. Die ersten, noch wenigen Vögel müssen weitere angezogen haben, und heute überwintern über 700 Waldohreulen in der Stadt, was die bei Weitem größte Ansammlung dieser Art weltweit ist. Da die Eulen so gut zu sehen sind, haben sie sich zu einer Touristenattraktion entwickelt, und die lokale Bevölkerung ist sehr stolz auf die Eulen.

Rund 1000 Kilometer weiter südwestlich, in der italienischen Hauptstadt Rom, kommt es zu einer weit größeren Versammlung von mehreren Millionen Vögeln. Die Einheimischen hier stehen den gewaltigen Schwärmen von Staren *(Sturnus vulgaris)* weniger gastfreundlich gegenüber, die an

▲ **Winterpilger in Rom.** An einem Dezemberabend landet ein gewaltiger Starenschwarm *(Sturnus vulgaris)* im Zentrum Roms. Mehrere Millionen dieser Vögel – die meisten sind Zugvögel aus Nordeuropa – genießen die milden Nachttemperaturen der Stadt und die Tatsache, dass sie hier vor Räubern relativ sicher sind.

Winterabenden über der Skyline der Ewigen Stadt ihre atemberaubenden Flugbilder zeigen. Wie die Eulen sind auch die Stare wegen der Wärme und Sicherheit ins Stadtzentrum gekommen.

Dort, wo in Großbritannien Stare in großer Anzahl überwintern – beispielsweise an den Piers von Brighton oder Aberystwyth oder auf den Somerset Levels –, sind sie zu Touristenattraktionen geworden. In Rom gibt es aber unbestritten andere Sehenswürdigkeiten, und die Vögel hinterlassen auf den Gebäuden der Stadt und auf den Autos Millionen hartnäckiger weißer Ausscheidungen. Auch die Straßen müssen täglich davon gereinigt werden. Zudem kann der nächtliche Lärm unter den Bäumen, in denen die Vögel schlafen, ohrenbetäubend sein.

Ein Tier jedoch ist entzückt über die Anwesenheit der Stare. Der Wanderfalke *(Falco peregrinus)* ist das schnellste Tier der Welt, im Sturzflug beim Jagen kann er Geschwindigkeiten von über 320 Kilometern pro Stunde erreichen. In Rom bedeuten die Stare für ihn eine üppige und zuverlässige Futterquelle, die jedoch auch ihre Tücken hat. Die riesigen Starenschwärme bieten den Falken zwar eine Art unwiderstehlichen Superreiz, reduzieren jedoch gleichzeitig – im Vergleich zur Jagd auf Einzeltiere – die Chance der Jäger, Beute zu machen. Auch hier gilt: Der Räuber kann sich in der Masse nicht auf ein Ziel konzentrieren.

Jäger auf den Klippen der Stadt

Auch auf der anderen Seite des Atlantiks, in New York, geht es den Wanderfalken sehr gut, was teilweise damit zu tun hat, dass sie, im Gegensatz zu den meisten frei in der Stadt lebenden Tieren, dort ein Leben führen, das sich von dem in der Wildnis kaum unterscheidet.

Wanderfalken sind hoch spezialisierte Jäger, die in der Luft töten, indem sie in furchterregendem Tempo auf ihr anvisiertes Ziel herabstoßen und es mit ihren enorm scharfen Krallen packen. Was die Auswahl der Beute betrifft, sind sie aber Generalisten, die praktisch jeden kleinen oder mittelgroßen Vogel töten können. Solange es Vögel in ihrer Umgebung gibt, haben sie genug zu fressen. Dank unserer Angewohnheit, Vögel in Gärten oder Hinterhöfen zu füttern, gibt es in unseren Städten eine Menge Vögel. Hat der Wanderfalke seine Beute getötet, trägt er sie zu einem hoch gelegenen Platz in der Nähe, wo er sie rupft und den Vogel anschließend entweder selbst verspeist oder zu seinen Küken bringt, die irgendwo auf einem Hochhaus in der Nähe warten.

Anders als die meisten anderen Tiere, die in diesem Kapitel vorgestellt werden, hat er also sein normales Verhalten kaum ändern müssen. Das Hochhaus, auf dem er nistet, ist das urbane Äquivalent zu einer Klippe oder einem Steilhang im Gebirge, sein Jagdrevier ist einfach dort, wo Vögel fliegen, und seine Beute besteht mehr oder weniger aus den Tieren, die er schon immer gerissen hat. Während also für die meisten wild lebenden Tiere in der Stadt der Übergang vom ländlichen zum städtischen Leben nicht einfach ist, hat der Wanderfalke das Glück, dass die bebaute Umgebung ziemlich genau seinen ursprünglichen Lebensraum nachahmt beziehungsweise das ist, was Wissenschaftler ein »analoges Habitat« nennen.

Vor 50 Jahren sah es für den Wanderfalken und viele andere Raubvögel auf der Nordhalbkugel noch völlig anders aus. Der weit verbreitete Einsatz von chemischen Pestiziden in der intensiven Landwirtschaft, wie DDT, dezimierte die Raubvögelbestände dramatisch. Die Schadstoffe reicherten sich in den Raubvögeln an, was unter anderem ihre Eierschalen so dünn werden ließ, dass die Bruterfolge immer geringer wurden. Die Ursache für das Problem wurde gerade noch rechtzeitig erkannt, die Chemikalien wurden verboten, und nicht nur die Wanderfalken starteten ein Comeback. Im Staat New York wurde diese Entwicklung durch die Auswilderung gezüchteter Wanderfalken unterstützt.

Im Jahr 1983 tauchten überraschend zwei Paare der von Hand aufgezogenen Wanderfalken im Zentrum von New York City auf, fanden Gefallen an dem, was sie entdeckten, und begannen zu brüten. Seither haben auf beiden Seiten des Atlantiks Wanderfalken Städte als Lebensraum entdeckt. Sie nisten heute regelmäßig auf hohen Gebäuden in vielen Städten Nordamerikas und Europas. In New York City brüten sie inzwischen in höherer Dichte als irgendwo sonst auf der Welt.

Das beste Beispiel für einen Vogel, der sein Wildhabitat gegen das Leben in der Stadt eingetauscht hat, ist jedoch die Taube. Das erklärt sich teilweise durch die Tatsache, dass Tauben schon sehr lange neben dem Menschen leben: Die Felsentaube *(Columba livia)*, der wild lebende Vorfahr der Stadttauben in aller Welt, wurde vor mindestens 5000 Jahren, vielleicht sogar schon vor 10 000 Jahren domestiziert.

Ihr Umzug in die Städte hat ein erstaunliches Paradoxon zur Folge: Die Stadttaube *(Columba livia domestica)* ist als Art so erfolgreich, dass sie sich selbst Schaden zufügt. Tauben haben es in der städtischen Umgebung unglaublich bequem, ihnen steht eine Überfülle an leicht zugänglichem Futter zur Verfügung, und obwohl es auch in Städten vereinzelte Fressfeinde gibt, haben selbst schwache oder kranke Tiere eine große Chance, nicht nur zu überleben, sondern sich sogar fortzupflanzen. Auch Tiere, die in einem Taubenlebensraum außerhalb der Städte keine Chance hätten zu überleben, geschweige denn, ihre Gene weiterzugeben, tragen zum Genpool einer Stadttaubenpopulation bei, was aus streng wissenschaftlicher Sicht der Art zum Nachteil gereicht.

▶ **Der Blick von ganz oben.** Ein Wanderfalke *(Falco peregrinus)* startet von einem Hochhaus in New York City. Von hier aus hat er die perfekte Aussicht auf seine Lieblingsbeute, Straßentauben *(Columba livia domestica)*. Da die Stadt zudem ein Knotenpunkt von Zugvogelrouten ist, können Wanderfalken in der Stadt Vögel aller Art erbeuten. Diese idealen Bedingungen haben dazu geführt, dass es in New York heute die weltweit höchste Dichte nistender Wanderfalken gibt.

Wenn Fische Vögel jagen

In einem Abschnitt des Flusses Tarn, der durch Albi in Südwestfrankeich fließt, lebt eine Population von Flusswelsen *(Silurus glanis)*, Europas größte Süßwasserfische, die es gelernt haben, Tauben *(Columba livia domestica)* zu fangen. Angeln ist hier nicht erlaubt, daher kommen die Welse ohne Scheu ans Ufer und verschlucken ganze Tauben. Allerdings besteht für die größten Exemplare, die länger als zwei Meter werden können, die Gefahr, bei einem Angriff zu stranden. Denn auch die Tauben haben gelernt, dass von den Welsen hier Gefahr droht, und sind sehr nervös, wenn sie an diesem Flussabschnitt trinken. Wenn sie sich aber dem ausgelassenen Badespaß hingeben, scheinen sie alles zu vergessen. Das Geplätscher und das Öl ihres Gefieders locken die Welse an.

1 Anschleichen. Ein mittelgroßer Wels nähert sich vorsichtig einer Gruppe Tauben, die am Flussufer trinken. Er gehört zu den Tieren, welche die Taubenjagd gelernt haben.

2 Zuschlagen. Der Wels, der die Bewegung im Wasser mit seinen Barteln wahrgenommen hat, die in etwa die Funktion von Schnurrhaaren haben, schnappt zu.

3 Fluchtversuch. Die Taube versucht davonzufliegen, aber der Wels hält ein Bein des Vogels mit seinem Maul fest.

4 Das Ende. Der Wels zieht die Taube an ihrem Bein unter Wasser und verschluckt sie.

Die vielen Monde

Von der Entstehung der ersten Städte vor über 5000 Jahren bis ins letzte Drittel des 19. Jahrhunderts war Feuer die einzige »künstliche« Lichtquelle, welche den Menschen zur Verfügung stand. Ende der 1870er-Jahre dann ließ die Erfindung der Glühlampe die Städte bei Nacht um ein Vielfaches heller werden. Im Jahrhundert, das folgte, änderte sich die Welt in einem ungeheuren Ausmaß. Viele Teile der Erde sind heute rund um die Uhr beleuchtet, sodass Städte und Ballungsräume sogar aus dem Weltall gut erkennbar sind. Diese »Lichtverschmutzung« ist ein großes Problem geworden – für die Menschen und stärker noch für die Tierwelt.

Ein fliegender Nachtfalter orientiert sich am Mond: Solange er seinen Körper in einem gleich bleibenden Winkel zum Mond hält, fliegt er auf

▲ **Schanghais nächtliche Beleuchtung.** Die Lichter des Zentrums im chinesischen Schanghai, einer der bevölkerungsreichsten Städte der Welt, bieten ein faszinierendes Schauspiel, das man sogar aus dem Weltall sieht. Genau wie die Lichter anderer Städte können sie jedoch eine tödliche Falle für Zugvögel werden. Ziehende Meeresvögel werden zusätzlich von der Erschließung der Feuchtgebiete an der Küste Schanghais bedroht.

einer geraden Linie in die gewünschte Richtung. Ist das Licht, das er zur Orientierung verwendet, jedoch nur wenige Meter entfernt, wird er scheitern. Im Versuch, das Licht relativ zu seiner Flugbahn immer an derselben Stelle zu halten, fliegt er unweigerlich im Kreis, gerät dabei immer näher an die Lichtquelle und kollidiert schließlich mit ihr.

Naturforscher machen sich dies zunutze, indem sie eine Quecksilberdampflampe verwenden, deren Spektrum dem des Mondlichts ähnelt, um Nachtfalter in eine Falle zu locken. Auch Fledermäuse verwenden künstliches Licht als Lockmittel; sie versammeln sich in der Nähe von Straßenlaternen, weil sie wissen, dass es dort größere Ansammlungen von Nachtfaltern geben wird. Einige Spinnen bauen ihre Netze wahrscheinlich bewusst an oder in der Nähe von Straßenlaternen, weil sie dort größere Chancen haben, Insekten zu fangen.

Einige Arten der Familie *Gekkonidae*, der Geckos, fangen fliegende Insekten ebenfalls in der Nähe von Lampen in Innenräumen, dabei nutzen sie ihre Fähigkeit, an senkrechten Wänden hinaufklettern und sogar an der Zimmerdecke laufen zu können, um ihre Beute zu fangen. Die haftfähigen Füße der Geckos entwickelten sich, damit die Tiere sich an großen, glatten Blättern halten können, in der Welt der Menschen können Geckos dadurch problemlos auf unterschiedlichen glatten Oberflächen laufen.

In städtischen Gebieten gehört echte Dunkelheit inzwischen der Vergangenheit an. Das Phänomen Ökologische Lichtverschmutzung hat viele Folgen. Singvögel, wie das Rotkehlchen *(Erithacus rubecula)*, beginnen normalerweise kurz vor der Morgendämmerung und dann wieder in der Abenddämmerung zu singen. Zu beiden Zeitpunkten ist normalerweise wenig Luftbewegung, sodass der Gesang weit zu hören ist, und zudem ist es noch oder schon zu dunkel, um Futter zu suchen. Tagsüber fressen Singvögel dann, und nachts schlafen sie. In Städten lassen sich einige Rotkehlchenmännchen jedoch von der Straßenbeleuchtung täuschen. Sie glauben, die Sonne würde gleich aufgehen, und fangen daher an zu singen. Männchen, die in der Nähe sind, stimmen in den Gesang ein, um sicherzustellen, dass sie gegenüber ihren Rivalen bezüglich Revierverteilung oder Paarung nicht ins Hintertreffen geraten. Anstatt zu schlafen, singen schließlich alle Rotkehlchenmännchen in einer gut ausgeleuchteten städtischen Umgebung nachts, was natürlich negative Auswirkungen auf ihren Tag-Nacht-Rhythmus hat.

Vögel, die über weite Strecken ziehen, fliegen aus mehreren Gründen gerne im Schutz der Dunkelheit: Die Luft ist kühler, sodass sie nicht überhitzen, und die Wahrscheinlichkeit ist größer, dass sie Räuber meiden können. Der Hauptgrund für den nächtlichen Vogelzug ist jedoch, dass Zugvögel zur Orientierung neben dem Magnetfeld der Erde den Mond und die Sterne nutzen. Führt ihre Flugstrecke über ausgedehnte Städte, kann es passieren, dass sie wie Nachtfalter vom Licht angezogen werden und die Orientierung verlieren.

Seit Langem ist bereits bekannt, dass Leuchttürme Zugvögel anziehen, von denen viele ins Licht fliegen und sterben. Neuere Erkenntnisse zeigen jedoch, dass auch Millionen kleiner Vögel jedes Jahr im Frühjahr und Herbst ihr Leben verlieren, weil sie in Städten gegen beleuchtete Bauwerke prallen. In Nordamerika denken die Behörden über Möglichkeiten nach, die Licht-

▶ **Tod durch Licht.** Eine Schülergruppe betrachtet einige der mehr als 1000 Vögel aus 89 Arten, die in einem Zeitraum von drei Monaten den Zusammenprall mit einem Wolkenkratzer im Zentrum von Toronto in Kanada nicht überlebt haben. Weitere 1000 überlebten die Kollision und wurden wieder in die Freiheit entlassen. Löschte man die Lichter an hohen Gebäuden, würde man das Leben von Vögeln retten, Geld sparen und die Lichtverschmutzung reduzieren.

◄ **Verlockendes nächtliches Licht.** Eine Lederschildkröte *(Dermochelys coriacea)* kriecht auf den Strand in Juno Beach im US-Staat Florida, um ihre Eier zu legen. Wenn die jungen Schildkröten schlüpfen, wenden sie sich dem hellsten Horizont zu, dies sollte die Spiegelung des Mondes auf dem Meer sein. Die Lichter der neu angelegten Strandpromenade können sie jedoch vom Kurs abbringen, sodass sie von Autos überfahren oder von Räubern gefangen werden können.

► **Mottenfalle.** In Hongkong wartet ein Gecko an einer Straßenlaterne, die eine ideale Falle für Nachtfalter darstellt. Auch einige Fledermausarten nutzen die Straßenbeleuchtung als Futterplatz, wobei sie sich dem Risiko aussetzen, selbst – zum Beispiel von Eulen – erbeutet zu werden.

verschmutzung zu reduzieren. Energie und Geld könnten so gespart und gleichzeitig der sinnlose Tod von Millionen von Vögeln verhindert werden.

Andere Auswirkungen von zu viel Licht zur falschen Zeit auf die Tierwelt zeigen sich in sehr viel kleinerem Maßstab: Die Lichtverschmutzung in der Umgebung von Wasserstraßen kann das Zooplankton daran hindern, Algen zu fressen, was zur verstärkten Algenblüte führt, die wiederum das Leben im Wasser erstickt. Die Lichtverschmutzung beeinträchtigt Tiere sogar in Gebieten, die nur bedingt durch Städte geprägt sind, wie die Strände von Barbados.

Seit Jahrtausenden kommen die Weibchen der Unechten Karettschildkröte *(Caretta caretta)* an die Strände der Karibikinsel Barbados, um dort ihre Eier abzulegen. Inzwischen verwirren die Lichter der Urlaubsresorts die frisch geschlüpften Jungen, die nach dem Schlüpfen so schnell wie möglich das Wasser erreichen müssen, um nicht Räubern zum Opfer zu fallen. Die Jungen laufen instinktiv auf den hellsten Horizont zu. Seit undenklichen Zeiten war dies das Meer, in dem sich das Mondlicht spiegelte. Heute kommt das hellste Licht jedoch von den Hotels und Restaurants, was die kleinen Schildkröten dazu bringt, genau die falsche Richtung einzuschlagen, wo unter Laternen bereits hungrige Krabben auf sie warten. Inzwischen müssen engagierte Naturschützer den Kleinen auf ihrem Weg zum Meer helfen, um eine Bedrohung für die Art abzuwenden.

Großkatzen und Fast Food

Die Menge und Intensität des Lichts, das nachts von unseren Städten ausgeht, hat in den letzten Jahrzehnten drastisch zugenommen, da immer mehr Gebiete der Erde verstädtern. Für die meisten Tiere ist dies zwar eine schlechte Nachricht, einige nächtliche Räuber haben mit seiner Hilfe aber auch neue Strategien entwickeln können, um sich Fast Food auf den Straßen unserer Städte zu holen.

An die Rudel verwilderter Haushunde *(Canis lupus familiaris)*, die ihre städtische Heimat mit ihnen teilen, sind die Menschen gewöhnt, die sich auf den geschäftigen Straßen von Mumbai, Indiens bevölkerungsreichster Stadt, drängen. In der Dunkelheit lauert jedoch ein Tier, das potenziell sehr viel gefährlicher ist: der Leopard *(Panthera pardus fusca)*.

▲ **Stadtjugend.** Leopardenjunge *(Panthera pardus fusca)* trinken aus einer Quelle im Sanjay-Gandhi-Nationalpark bei Mumbai. Zur Beute, die ihre Mutter für sie fängt, gehören wahrscheinlich auch Wildtiere, die in der Stadt leben.

► (nächste Seite) **Auf Beutezug in der Vorstadt.** Unbemerkt von den Hausbewohnern oberhalb seines Weges ist ein Leopard *(Panthera pardus fusca)* im abendlichen Mumbai auf seinem regelmäßigen Streifzug. Das Gebäude wurde in den Park hineingebaut, in dem die Leoparden leben. Diese haben sich jedoch angepasst, indem sie Hunde, Ziegen, Schweine und andere Tiere jagen, die den Menschen folgten.

Leoparden jagen allein und verfolgen ihre Beute geduldig im Verborgenen, bevor sie aus meist nur ein bis zwei Metern Entfernung zuschlagen – ein Vorgehen, das auch für die Stadt gilt. Etwa ein Viertel des Speiseplans der Stadtleoparden besteht aus Hunden, sie fressen aber auch Ziegen und Ferkel. Wird ein Leopard allerdings rechtzeitig von erwachsenen Schweinen entdeckt, werden sie den Räuber energisch gemeinsam bekämpfen. Menschen werden von in der Stadt lebenden Leoparden nur sehr selten attackiert. Bedroht sind Bewohner Mumbais, die ungeschützt im Bereich der Stadtparks leben, auf dem Boden schlafen oder sich im Freien erleichtern. Der herkömmliche Stadtbewohner ist durch den Lärm und die Masse geschützt. Bei Tagesanbruch ziehen sich Mumbais Leoparden in den Nationalpark zurück, in den die Stadt mittlerweile hineingewachsen ist. Mit Einbruch der Dunkelheit suchen sie aber ihr Fast-Food-Restaurant gerne wieder auf.

2 Der Zugriff. Zu spät hört die schlafende Sau das Quieken eines ihrer Ferkel. Sie wacht auf und hetzt hinter dem Leoparden her, der lässt das Ferkel jedoch nicht fallen.

3 Sicherer Rückzugsort. Eine Mauer dient als städtische Entsprechung eines Baums. Dort ist der Leopard außer Reichweite der wütenden Sau und hat einen Moment Zeit, seine Beute zu töten.

4 Take-away-Ferkel. Der Leopard trägt seine Beute fort, um in Ruhe zu fressen. Im Lauf mehrerer Nächte verlor die Sau alle ihre Ferkel an Leoparden. Man geht davon aus, dass die Geräuschkulisse der Großstadt den Katzen beim Anschleichen hilft.

Die grüne Seite der Stadt

Überall auf der Welt dehnen sich die Städte aus und bedecken eine immer größere Fläche. Auch wenn der Bedarf an Unterkünften und Infrastruktureinrichtungen in den Stadtgebieten groß ist, besteht doch auch die Notwendigkeit von Grünflächen, auf denen die Stadtbewohner entspannen können und die ihnen einen Rest »Landleben« bieten. Viele dieser Grünflächen – Parks, Gärten und sonstige Oasen in der Stadt – werden von den Menschen, die sie nutzen, häufig erbittert verteidigt. Sie sind aber auch zu Zufluchtsorten für Wildtiere geworden. Heute werden immer wieder neue Möglichkeiten erkundet, die Stadtlandschaft für Mensch und Tier gleichermaßen angenehmer zu gestalten. Hierzu werden zum Beispiel Dächer mit Gras und anderen Pflanzen begrünt. Diese Dächer werden immer beliebter, unter anderem wegen ihrer umweltschonenden Effekte, wie Wasserspeicherung und Energieeinsparung, aber auch weil sie Wildtiere anziehen.

Im Zentrum der norditalienischen Stadt Mailand haben Architekten und Naturschützer eine noch originellere Möglichkeit gefunden, um in der überfüllten Stadtlandschaft weitere Grünflächen zu schaffen. Sie haben seitlich an einem Wohnturm einen »vertikalen Wald« angelegt: Er besteht aus immerhin 700 Bäumen, was zwei Hektar Waldfläche entspricht.

Der Stadtstaat Singapur, Tausende von Kilometern Richtung Osten, ist mit sechs Millionen Menschen noch deutlich bevölkerungsreicher und dichter besiedelt. Es ist schwierig, diese Stadt zu verlassen, daher haben die Menschen die Natur in die Stadt geholt. Wohin man schaut, sieht man begrünte Mauern und Bäume, die aus Gebäuden wachsen. Sie sind das Ergebnis städtischer Subventionen, mit denen neue, außerordentlich ausgedehnte Grünflachen entstehen sollten. Unter den Konzernen Südostasiens hat dies einen Trend ausgelöst, bei dem die Erbauer neuer Gebäude um die Auszeichnung des am intensivsten begrünten Bauwerks konkurrieren.

Die Begrünung von Singapur erfolgte so tief greifend, dass es hier heute eine größere Vielfalt an Wildtieren und Pflanzen gibt als in jeder anderen Stadt der Welt. Singapur ist damit eine von nur drei Städten weltweit, die als Hotspots der Biodiversität klassifiziert wurden.

Mailand und Singapur haben uns gezeigt, dass wir verschiedene Ökosysteme in unsere Städte integrieren können, wenn wir dies nur wollen. Noch ist dies jedoch die Ausnahme, nicht die Regel. Inzwischen leben weltweit schon mehr Menschen in Städten als auf dem Land, und das Verhältnis wird sich weiter zugunsten der Städte verschieben. Wir haben die Möglichkeit, unsere Städte so zu gestalten, dass wir und die Natur in ihnen gut leben können, wenn wir uns dafür entscheiden, die notwendigen Maßnahmen zu ergreifen. Dann können wir auch die Vorteile genießen, die das Leben mit der Natur für unsere körperliche, emotionale und spirituelle Gesundheit mit sich bringt.

► **Vertikaler Wald.** Zwei Wohntürme im Mailänder Stadtteil Porta Nuova in Italien zeigen, wie man eine Stadt aus Beton aufwerten kann. Die Bäume reduzieren die Luftverschmutzung, kühlen im Sommer die Luft und liefern den Bewohnern das angenehme Gefühl, ins Grüne zu blicken und mit der Natur in Kontakt zu sein.

7
GESCHICHTEN

ZEHN JAHRE NACHDEM DIE SERIE *Planet Earth* im Fernsehen gelaufen war, stellte die Realisierung von *Planet Earth II* eine gewaltige Herausforderung dar. Wie konnte die Fortsetzung mit dem Original mithalten oder es möglicherweise sogar übertreffen? Durch einen neuen Ansatz, eine neue Perspektive und die Nutzung neuer Technologien; das war zumindest die Meinung des Produzenten Tom Hugh-Jones, der auch an der ersten Serie mitgewirkt hatte.

Von Anfang an war das Ziel, den Zuschauern den Eindruck zu vermitteln, sich in unmittelbarer Nähe der Tiere zu befinden. Dazu musste so gefilmt, geschnitten und getextet werden, dass das Gesamtergebnis ein umfassendes Erlebnis vermittelte. Anstatt die Tiere mit einem starken Teleobjektiv aus der Ferne zu beobachten, sollte aus der neuen Ausrüstung und den filmischen Techniken alles herausgeholt werden, um den Zuschauer mitten in die Landschaft und unter die Tiere zu versetzen. Letztlich ist daher in der Serie nicht jede Geschichte wirklich neu, wohl aber der gewählte Ansatz.

Heute können Kameras mit Bildstabilisierung nicht nur auf Fahrzeugen genutzt werden. Sie sind kleiner, leichter und zuverlässiger geworden, sodass sie als Freihandkamera und auf Drohnen einsetzbar sind und dabei Bilder im extrem hochauflösenden 4K2K-Format liefern.

Auf Zavodovski Island im Südpolarmeer wurde wie bei vielen anderen Aufnahmen im Rahmen des Projekts die hochauflösende Kamera mit ihrem Weitwinkelobjektiv auf ein spezielles Stabilisierungstragegestell montiert, sodass sie ruhige Bilder lieferte, auch wenn sie gekippt oder geneigt wurde. So konnte sie uns auf geringer Höhe durch die Kolonie der Zügelpinguine begleiten, die größte Pinguinkolonie der Welt. »Ein erstaunliches Schauspiel«, meint Tom, »das nur wenige Menschen je gesehen, geschweige denn auf diese Art und Weise erlebt haben.«

Eine weitere unvergessliche Sequenz der Episode über Inseln zeigt eine junge Meerechse, die von mehreren Galapagosnattern verfolgt wird. Auch diese Szene wurde mit einer Kamera mit Weitwinkelobjektiv aufgenommen, die auf ein tragbares Stabilisierungsgestell montiert war. Die Einstellungen wurden wie eine Spielfilmsequenz geschnitten und betonen nicht nur die Dynamik der faszinierenden Verhaltensweisen, sondern erlauben es dem Zuschauer auch, diesen skurrilen Reptilien auf Augenhöhe zu begegnen.

(vorherige Seite) **Den Fänger einfangen.** Nachdem Kameramann John Shier einem Rotfuchs im Yellowstone-Nationalpark im US-Bundesstaat Wyoming so lange gefolgt war, bis der an seine Anwesenheit gewöhnt war, filmt er ihn beim Fangen von Mäusen unter dem Schnee, in den der Fuchs mit dem Kopf voran hineinspringt.

◄ **Nachtansicht.** Bei Einbruch der Nacht stellt Gordon Buchanan in Mumbai seine vom Militär ausrangierte Wärmebildkamera ein, welche die Wärmeabstrahlung von Lebewesen in sichtbare Bilder umwandelt und aufzeichnet. Anschließend wird er sich in sein Versteck zurückziehen und auf Leoparden warteten – für insgesamt 28 Nächte.

Wildtiere folgen weder einem Drehbuch, noch gehorchen sie Anweisungen, und oft genug ist weiterhin das traditionelle Teleobjektiv nötig, um sie filmen zu können. Die Kameras ermöglichen heute jedoch auch bei schlechten Lichtverhältnissen noch Aufnahmen, deren Qualität vor zehn Jahren undenkbar gewesen wäre. Auch die Objektive haben sich verändert. Anstatt den Eindruck zu vermitteln, als schaue man durch ein Mikroskop, erreichen heute sowohl die Makro- als auch die extremen Weitwinkelobjektive eine sehr viel größere Tiefenschärfe, und die Ausrüstung ist deutlich kompakter, sodass man viel näher an kleine Tiere herankommt, seien es Zwergmäuse, die in ihrem Gräserdschungel leben, oder Insekten, wie Ameisen oder Grashüpfer. Die höhere Lichtempfindlichkeit der Kameras ermöglicht es zudem, Tiere, wie den kleinen Glasfrosch im Kapitel über den Dschungel, aus größter Nähe zu filmen, ohne ihn mit starken künstlichen Lichtquellen regelrecht zu grillen.

Dort, wo man beeindruckende Gesamtansichten als Einführung in eine Landschaft – wie beispielsweise die Namib-Wüste – brauchte, ohne dass dabei Tiere durch mit Kameras bestückte Luftfahrzeuge erschreckt werden sollten, setzte man Drohnen ein. Für das Team standen die neuesten Modelle bereit; sie flogen mit großer Windstabilität sicher und zuverlässig und waren mit langlebigen Batterien ausgestattet.

Die neue Technologie half dem Produktionsteam der Gebirgsepisode auch beim Filmen des Schneeleoparden. Dies ist ein enorm symbolträchtiges Gebirgstier, das bereits im ersten Teil von *Planet Erde* mit einer denkwürdigen Jagdszene eine bedeutende Rolle spielte – das Team musste große Erwartungen erfüllen. Mit der Unterstützung von Experten vor Ort, die stets eine riesige Hilfe für jeden Naturfilmer darstellen, und durch Nutzung der modernsten ferngesteuerten Kameras erreichte das Team tatsächlich sein Ziel, neue Verhaltensweisen zu filmen.

Die Übereinstimmung von Stil und Inhalt im Rahmen des Projekts erreicht bei diesen Sequenzen ihren Höhepunkt. Mit erstaunlichen Weitwinkelnahaufnahmen von Schneeleoparden und intimen Details ihres Liebeswerbens erzählen sie eine sowohl optisch als auch inhaltlich faszinierende Geschichte. Möglich wurde dies hauptsächlich durch ferngesteuerte Kameras, die heute außerordentlich hochwertige bewegte Bilder liefern. Es war aber auch wichtig, vor Ort genügend Kameras sorgfältig an den richtigen Orten zu positionieren, sodass unterschiedliche Sequenzen gefilmt und zu stimmigen Szenen zusammengeschnitten werden konnten.

▶ **Spiegelbild.** Auf der Insel Escudo de Veraguas betrachtet eine Zwergfaultiermutter völlig unbeeindruckt vom Kameramann, der sich mühsam durch die Mangroven zu ihr durchgeschlagen hat, zusammen mit ihrem Jungen ihr Spiegelbild in der Weitwinkellinse. Da die Faultiere keine Erfahrung mit Räubern haben, sind sie auch Menschen gegenüber ohne Scheu.

▲ **Testflug.** Das Drohnenteam testet die Neuentwicklung einer Kamera, die auf der 360-Grad-»Virtual Reality«-Halterung einer Drohne montiert ist, die in allen möglichen Einstellwinkeln Aufnahmen nach oben und unten machen kann. Guy Alexander steuert die Drohne, und Ewan Donnachie bedient Halterung und Kamera. Das Modell wurde bei einigen Szenen im Blätterdach des Dschungels und in Canyons genutzt.

◀ **Vieraugenprinzip.** Kameraassistent Louis Labrom begutachtet Aufnahmen von Rhesusaffen, die auf einem Markt Lebensmittel gestohlen haben. Auch einer der Affen schaut genau hin.

In vielen Fällen hatten unsere »Hauptdarsteller« aber gar keine besonders große Scheu vor Menschen, insbesondere einige Arten auf Inseln ließen Aufnahmen aus nächster Nähe zu. In der Episode über Städte geht es um Tiere, denen es gelingt, neben dem Menschen zu leben, seien es Rhesusaffen in Indien oder Wanderfalken in New York. Dazu gehören auch die Leoparden in Mumbai, die allerdings nicht aus nächster Nähe gefilmt werden konnten. Das ist bei fast vollständiger Dunkelheit ohnehin unmöglich, in diesem Fall wurden modernste militärische Wärmebildkameras eingesetzt, die inzwischen Filmmaterial von so hoher Qualtität liefern, dass sich damit auch Geschichten erzählen lassen.

Nach der Arbeit an der Episode über Städte bemerkte Tom: »Uns wurde nicht nur bewusst, wie sehr sich manche Tiere angepasst haben, sondern auch, mit welch einer Toleranz manche menschlichen Stadtbewohner den Wildtieren begegnen, die neben ihnen leben.« Diese Erkenntnis macht einmal mehr deutlich, welche Auswirkungen wir auf das Leben der Tiere haben.

Auf der Karibikinsel Barbados und an vielen anderen Stränden werden frisch geschlüpfte Schildkröten durch die Lichter der Strandpromenade so verwirrt, dass sie dorthin und damit vom Meer fortlaufen, anstatt es so schnell wie möglich anzusteuern. Schließlich zeigten die Aufnahmen hauptsächlich Schildkrötenjunge, die in Rinnsteinen verendeten.

Einige Szenen in *Planet Earth II* sind wirklich unglaublich – wie die von der Wanderung der Karibus. Tom befürchtet jedoch, dass man sie in zehn Jahren in dieser Form nicht mehr wird aufnehmen können, weil menschliche Einwirkungen die Wanderwege blockieren oder sich auf die Rückzugsgebiete der Tiere auswirken werden. Auch Klimaveränderungen könnten ungeahnte Auswirkungen haben. »Die Menschen müssen endlich begreifen, dass die Tierwelt in großen Schwierigkeiten steckt«, betont Tom. Während des Drehs wurde das Team vor viele Herausforderungen gestellt. Dreharbeiten mussten abgebrochen oder verschoben werden, im Fall der Kolibris in Ecuador sogar dreimal in Folge. »Naturereignisse treten nicht mehr so zuverlässig auf wie noch zur Zeit der Dreharbeiten für die erste Serie«, befindet Tom. »Inzwischen sind extreme Klimaunregelmäßigkeiten schon fast die Norm.«

Tom wünscht sich, *Planet Earth II* möge eine neue Generation von Zuschauern inspirieren – und davon wird es Millionen geben –, die das Schauspiel bewundern, das die Tierwelt überall auf der Welt zu bieten hat. Er hofft, dass ihre emotionale Reaktionen auf das, was sie sehen, dazu führen, dass sie die Bemühungen zum Schutz der Natur in Zukunft aktiv unterstützen. Es gibt in der Tat einen *Planet-Erde*-Effekt. Nachdem die erste Serie im Fernsehen gelaufen war, reisten viele Zuschauer an die Schauplätze, wo sie diese Naturschauspiele mit eigenen Augen sehen wollten. Ökologisch verantwortungsvoller Tourismus kann helfen, zumindest einige der besonderen Orte und Tiere zu schützen und zu bewahren, die gefilmt wurden. Das gilt etwa für den Indri, den größten übelebenden Lemuren der Welt, der sich mit seinen langen Armen durch den Wald in Madagaskar hangelt. Es ist durchaus die Absicht der Filmemacher, viele Leute dazu zu veranlassen, die Arbeit visionärer Naturschützer zu unterstützen, welche versuchen, den Regenwald auf Madagaskar wieder aufzuforsten oder Gemeinden oder Regierungen zu überzeugen, die letzten Populationen wertvoller Arten und deren Lebensräume zu schützen.

▶ **Blickrichtung Wanderfalke.** John Aitchison wartet darauf, das einzufangen, was eine Taube sehen würde, wenn ein Wanderfalke in ihre Richtung heranjagt. Dazu müsste dieser aber endlich einmal sein Nest verlassen. Der Fachmann Matt Wilson behält alles genau im Blick, und Produzent Fredi Devas probiert seine Kamera aus. Im Hintergrund beobachten New Yorker Passanten die ungewöhnlichen Aktivitäten auf dem Gehsteig.

▶ (nächste Seite) **Kameratest.** Ein Indri untersucht im kommunalen Analamazaotra-Waldschutzgebiet im Osten Madagaskars die Kamera in den Händen der Naturforscherin Emma Brennand. Der nach Sir David Attenborough David genannte Lemur war zwar an Menschen gewöhnt, mit einer so intensiven Begegnung hatte Emma jedoch nicht gerechnet.

RED PRO
5.0

Jagd auf die Geisterkatze

Justin Anderson war klar, dass bei einer Sendung über Tiere im Gebirge Schneeleoparden keinesfalls fehlen dürfen. Er war fest entschlossen, von diesen Tieren, die beinahe schon Kultstatus genießen, nicht nur einfach weitere Aufnahmen zu drehen, sondern darin auch bis dahin noch nie gefilmte Aspekte ihres Lebens zu zeigen.

Schneeleoparden sind jedoch dafür berüchtigt, eine der am schwierigsten zu filmenden Tierarten zu sein. Für den ersten Teil von *Planet Erde* verbrachte der erfahrene Naturfilmer Dough Allan Wochen in einer Höhle und wartete vergebens darauf, dass sich eines dieser Tiere zeigen würde. Später gelang es seinem Kollegen Mark Smith zwar, eine denkwürdige Sequenz von einem einzelnen Schneeleoparden einzufangen, aber auch das erst nach vielen weiteren Wochen voller Frustration.

Beim Filmen von Wildtieren ist immer gute Vorbereitung nötig, aber selten ist sie so essenziell wie bei Schneeleoparden. Zum Glück hatte das Team ausgezeichnete Kontakte vor Ort, von denen es aktuelle Informationen beziehen konnte. Zuerst bekam es eine schlechte Nachricht: In der Gegend in Pakistan, in der die oben erwähnte Sequenz der ersten Episode von *Planet Erde* schließlich gedreht wurde, gab es keine Schneeleoparden mehr. Nachdem das Team verschiedene mögliche Regionen in der Mongolei geprüft hatte, stieß es unverhofft auf eine wahre Goldgrube: Touristen, die den Hemis-Nationalpark in der nordindischen Region Ladakh besucht hatten, kehrten mit ausgezeichneten Fotos und Videos von Schneeleoparden zurück, einige sogar mit Smartphones aufgenommen.

Im folgenden Frühjahr flog Justin Anderson mit den Naturfilmern Mateo Willis und John Shier nach Ladakh. Sie nahmen auch Duncan Parker mit, um die vielen ferngesteuerten Kameras aufzustellen, die gebraucht wurden, um genügend Filmmaterial von den Leoparden zu bekommen, sowie Sue Gibson, die wiederum die Dreharbeiten dokumentieren sollte. Anschließend wurde Khenrab Phuntsog zur Unterstützung angeworben, der als Wildtierhüter in dem Park arbeitet. Die Hilfe, die er und seine Kollegen anbieten konnten, sollte sich als unschätzbar wertvoll erweisen.

Eine erste Erkundung war vielversprechend, in den ersten fünf Tagen wurden neun Tiere entdeckt. Diesmal blieb man danach nicht in einem Versteck und wartete darauf, dass ein Schneeleopard vorbeikam. Stattdessen schwärmten jeden Tag in der Morgendämmerung Beobachter aus, die den Kameraleuten per Funk Informationen lieferten, sodass diese sich am richtigen Platz postieren konnten, was in dem sehr steilen und schwierigen Gelände enorm kraftraubend war.

▶ **Hauptdarstellerin.** Der weibliche Star der Gebirgsepisode passiert auf seiner regelmäßigen Route eine Kamerafalle. Diese hatten sachkundige Fährtensucher installiert, sodass die Kamera genau so aufgestellt werden konnte, dass die Schneeleopardin darauf zulief.

▲ **Duftsprache.** Auf einem Wechsel, der von Schneeleoparden regelmäßig genutzt wird, schnuppert ein männlicher Schneeleopard an der von einem anderen Männchen auf einen Felsen gesprühte Urinbotschaft.

◄ (oben) **Leopardenersatz.** Kameraassistent Duncan Parker muss die Position eines Schneeleoparden einnehmen, damit Kameramann Mateo Willis die Kamerafalle einstellen kann.

◄ (unten) **Kaltes Licht.** Khenrab Phuntsog, einer der überaus wichtigen örtlichen Fachleute, stellt mit Kameramann John Shier eine Kamerafalle auf. Der Schnee und die hellen Felsen, die überall den Hintegrund bilden, stellten bei den Belichtungseinstellungen der Kameras eine ständige Herausforderung dar.

Allmählich ergab sich ein Muster: Jeder Schneeleopard folgte bestimmten Routen, und einige dieser Routen kreuzten sich. Die Katzen begegneten sich zwar nur selten, hinterließen jedoch Botschaften füreinander in Form von Urin, der auf Felsen gespritzt wurde und Duftinformationen enthielt, die das Alter und Geschlecht eines Tiers ebenso beinhalteten wie den Sachverhalt, dass es in Begleitung eines Jungtiers war.

Die große Höhe ist beim Filmen von Schneeleoparden in freier Wildbahn immer eine Schwierigkeit, da stellte die gewählte Region keine Ausnahme dar: Schon das Basislager befand sich in 3500 Metern Höhe, und das Team musste gelegentlich bis auf rund 5000 Meter aufsteigen, wo die Höhenkrankheit bereits zu einem echten Problem werden kann.

Ein weiteres Problem beschreibt Justin folgendermaßen: »Wir sahen die Katzen zwar, sie waren aber tagsüber nicht aktiv, sondern schliefen meistens. Wenn es schließlich zum Filmen zu dunkel wurde, wachten sie auf und fingen an, wirklich interessante Dinge zu tun.«

Dem Team gelang es jedoch, einer Leopardin und ihrem Jungen mehrere Tage hintereinander zu folgen, wobei Duncans Kamerafallen letztlich entscheidend waren. Über 20 davon wurden an strategisch wichtigen Punkten im Revier der Schneeleopardin aufgestellt, und alle zusammen trugen sie dazu bei, ein Bild des komplexen Soziallebens dieser scheinbar ungeselligen

Tiere zu erstellen. Die ferngesteuerten Kameras, die für die Kamerafallen verwendet wurden, sind deutlich zuverlässiger als früher. Sie lieferten Filmmaterial, das, wie Justin betont, die Schneeleoparden in einem völlig anderen Licht zeigte: »Obwohl sich die Tiere nicht sehr oft begegnen, sind sie Teil eines sozialen Netzwerks. Sie wissen, was in der Gegend vor sich geht und welche anderen Leoparden sich in der Nähe aufhalten.«

Das Weibchen, dem sie folgten, wurde von einem Jungen begleitet, das aber bereits weitgehend entwöhnt war. Seine Mutter war bereit, sich wieder zu paaren. Ein Männchen, das sich für sie interessierte, wurde anfänglich noch auf Abstand gehalten, folgte aber den Duftmarken, die sie auf ihren regelmäßigen Rundgängen hinterließ. Allmählich kam das Männchen immer näher. »Als sie bereit war, das Männchen zu empfangen, ging sie zu einer erhöhten Stelle im Gelände und stieß ihren Paarungsruf aus – ein wirklich unglaublicher Klang, der von den Bergen widerhallte und den wir sogar mit einer der Kamerafallen aufnehmen konnten. Das Männchen war bisher im wahrsten Sinn des Wortes an der Nase herumgeführt worden, aber jetzt bekam er die Gelegenheit, sich mit dem Weibchen zu paaren.«

Das Junge hielt sich auf Abstand, denn wie bei anderen Großkatzen auch greifen männliche Schneeleoparden gelegentlich Jungtiere an, die nicht ihre eigenen sind, und töten sie. Es war dann aber ein zweites Männchen, das dazukam und das Junge angriff. Die Mutter und ihr Partner erschienen auf dem Schauplatz, wodurch das Team eine einmalige Szene einfangen konnte.

Das Weibchen stand vor einem großen Dilemma. Es konnte entweder sein Junges verteidigen oder mit der Paarung fortfahren. Letztlich kam es zum Kampf, in dessen Verlauf das Junge weglief und das Weibchen verletzt wurde. »Wir dachten schon, das sei ihr Ende«, sagt Justin. »Aber ein paar Monate später sichteten wir sie erneut, und es ging ihr gut. Das Junge folgte ihr noch immer, hielt nun aber einen beträchtlichen Abstand zu ihr ein.« Im folgenden Frühjahr kehrte das Team in die Gegend zurück, aufgrund von Schneemangel hielten sich die Leoparden jedoch in einer viel größeren Höhe auf, sodass es noch schwieriger war, sie zu filmen. Mithilfe der Kamerafallen konnte die Geschichte aber zu einem Ende gebracht werden.

Das Team war bei dem Versuch, das Verhalten der Tiere zu filmen, ein großes Risiko eingegangen, aber es hatte sich gelohnt. »Als das Flugzeug nach meinem letzten Besuch gestartet war«, erinnert sich Justin, »und ich auf den Himalaja hinunterschaute, wurde mir klar, wie privilegiert wir gewesen waren, Zeit mit diesen schönen Wildtieren verbringen zu können.«

▶ **Sich nah bleiben.** Die Hauptdarstellerin unter den Schneeleoparden wird von ihrer beinahe schon selbstständigen Tochter liebevoll begrüßt. Drei Beobachter, die per Funk mit den Kameramännern verbunden waren, waren ihr hoch im Gebirge des indischen Hemis-Nationalparks in Ladakh ständig auf der Spur. Dieser intime Moment wurde schließlich von einer Kamerafalle aufgenommen.

Milliarden Mitwirkende

»Ich bin unterwegs nach Norden, in eine noch entlegenere Region von Madagaskar, um Heuschreckenschwärme zu finden. Wer hätte gedacht, dass es so schwierig sein könnte, mehrere Milliarden Heuschrecken zu finden?«, schrieb Produzent Ed Charles in seinem Blog, während er angestrengt versuchte, eines der zerstörerischsten Tiere der Welt zu finden.

Heuschrecken können sich zu Schwärmen von Milliarden von Individuen versammeln, aber deren Wege sind unvorhersehbar, und sogar riesige Schwärme können deshalb schwer zu finden sein. Daher nahmen Ed und seine Kollegen die Hilfe der Ernährungs- und Landwirtschaftsorganisation der Vereinten Nationen (FAO) in Anspruch, die stets bemüht ist, die marodierenden Insekten zu lokalisieren, und zwar am besten, bevor sie starteten, um irgendwo verheerende Ernteschäden anzurichten.

Madagaskar ist eines der ärmsten und am wenigsten entwickelten Länder der Welt, mit Straßen, die kaum mehr als Feldwege sind. Nach jedem

▲ **Am Boden gefangen.** Für den Helikopter, der das Team hierhergebracht hatte, bevor der Heuschreckenschwarm kam, ist es nach der Ankunft der Insekten zu gefährlich, wieder zu starten. Als der Schwarm etwas weitergezogen war, filmte das Team ihn aus der offenen Türe von oben.

ergiebigen Niederschlag, wie den Regenfällen, die solche Heuschreckenschwärme zur Folge haben können, werden sie unpassierbar. Ein ums andere Mal quälte sich das BBC-Team in die Nähe der Heuschrecken und konnte sie doch nicht erreichen. Dass ein Großteil des Teams unter Durchfällen litt, machte die Aufgabe nicht leichter. In dieser entlegenen Gegend bestand zudem die sehr reale Gefahr von bewaffneten Überfällen. Das Chartern eines Helikopters war die einzige Möglichkeit, zu den Schwärmen zu gelangen.

Wie sich zeigen sollte, brachte der Hubschrauber das Team zu einem unglaublichen Schauspiel. »Was mich am meisten beeindruckte, war das Geräusch«, sagt Ed. »Aus der Nähe hörte ich das beinahe metallische Rattern einzelner Flügelschläge, als die Tiere vorbeirasten, aber darüber hinaus war noch etwas Gewaltiges zu hören – ein tiefes, kaum hörbares Dröhnen, erzeugt von Milliarden dieser schlagenden Flügel, die große Luftmengen verdrängten, während der Schwarm über das Land jagt.«

Obwohl ihm das zerstörerische Potenzial der Heuschrecken sehr wohl bewusst war, war er von der eigentümlichen Schönheit dieses gewaltigen

Schwarms berührt. »Das sanfte Brummen in Kombination mit den abstrakten Mustern hatte fast etwas Hypnotisches und bildete ein Erlebnis von unglaublich heiterer Gelassenheit.« Er und sein Team waren voller Ehrfurcht. »Wir vergaßen beinahe, dass wir loslegen und filmen sollten.« Kameramann Rob Drewett beschrieb den Schwarm als »einen silbrig glänzenden Organismus«.

Um das Schauspiel als Ganzes einzufangen, stieg Kameramann Justin Maguire im Helikopter auf. »Aus der Entfernung wirkten die Heuschrecken wie der Rauch eines Buschfeuers.« Beim Näherkommen wurde klar, welche Herausforderungen mit dem Filmen eines so gewaltigen Ereignisses verbunden waren. »Sobald ich mich im Schwarm befand, stieg meine Anspannung rasch. Diese Wolke bewegte sich schnell und veränderte sich dabei. Ich versuchte, die besten Aufnahmen zu machen, ohne zu wissen, welcher Blickwinkel dieses Schauspiel am besten einfangen würde.«

Es war eine der größten je verzeichneten Heuschreckenwanderungen auf der Insel. Die Schwärme waren beinahe zwei Kilometer breit und suchten etwa die Hälfte von Madagaskar heim. Eine Heuschrecke wiegt zwar nur zwei bis drei Gramm, kann jedoch jeden Tag mehr als das Dreifache ihres eigenen Körpergewichts fressen. Hochgerechnet bedeutet das, dass ein Schwarm mit eine Milliarde Heuschrecken jeden Tag 9000 Tonnen Vegetation fressen kann.

Dies ist eine große Gefahr für die Lebensgrundlage von Millionen von Menschen, die ohnehin schon in äußerster Armut leben. Ed notierte: »Man kann sich die Verwüstungen, die eine Plage dieser Größenordnung hinterlässt, nur schwer vorstellen. Ich habe ein Maisfeld gesehen, das Monate gebraucht hatte, um zu wachsen, und dann an einem einzigen Tag abgefressen wurde, wodurch die Existenzgrundlage einer Familie vernichtet war.«

Das Team konnte immerhin etwas Hilfe leisten, indem es seine Beobachtungen an das Team der FAO weiterleitete, sodass diese die Schwärme besser überwachen und gegebenenfalls ihren weiteren Weg abschätzen konnte. Seit dem Ende der Dreharbeiten hat es für die Bauern auf Madagaskar jedoch gute Nachrichten gegeben. Nach drei Jahren scheint die Heuschreckenplage nun nachzulassen, es sieht so aus, als sei die schreckliche Zerstörung durch diese unglaublichen Insekten infolge der Bemühungen der FAO zumindest ins Stocken gekommen.

▶ **Mitten im Schwarm.** Kameramann Rob Drewett läuft mitten im Heuschreckenschwarm umher und filmt mit einem Weitwinkelobjektiv auf Flughöhe der Heuschrecken. Die Steadycam-Variante ist gerade noch leicht genug, um sie frei in der Hand zu halten. Sie gleicht Bewegungen aus und garantiert verwacklungsfreie Bilder, sodass Rob inmitten der Insekten Aufnahmen machen konnte, die früher nur mit einem großen, kranähnlichen Kameraschwenkarm möglich gewesen wären.

Für Pinguine das Paradies, für den Menschen die Hölle

Beinahe sechs Jahrzehnte lang hat die BBC auf dem Gebiet des Naturfilms mit Dreharbeiten an einigen der unwirtlichsten Orte der Erde buchstäblich Neuland betreten. Aber nur wenige Projekte waren so herausfordernd wie das Filmen der Pinguine auf Zavodovski Island, einer der entlegensten subantarktischen Inseln, auf der sich zudem ein aktiver Vulkan befindet. Allein die Planungen für die Dreharbeiten an diesem anspruchsvollen Drehort dauerten ein Jahr.

Von den Dreharbeiten auf Zavodovski Island mit der weltweit größten Brutkolonie von Pinguinen versprach man sich wirklich spektakuläre Sequenzen – vorausgesetzt, das Team würde diesen vom Sturm gepeitschten felsigen Ort sicher erreichen und auch wieder verlassen können. Um das zu

gewährleisten, wurde die Hilfe von Jérôme Poncet in Anspruch genommen, einem herausragenden Kenner des Meeres und der Inseln rund um die Antarktische Halbinsel. Der Plan sah vor, im Januar, also im späten Südfrühling, zwei Wochen lang zu filmen, wenn die Zügelpinguine Küken haben.

Jérômes mehr als 40-jährige Erfahrung war nötig, um das Team überhaupt auf die Insel zu bringen. Die Produzentin Elizabeth White erinnert sich: »Jérôme und seine Yacht, die *Golden Fleece*, waren absolut entscheidend für den Erfolg unserer Mission. Nachdem wir sieben Tage von den Falklandinseln aus über das stürmischste Meer der Welt gefahren waren, konnten wir endlich den ersten Blick auf die Insel erhaschen. Nachdem wir ein ganzes Jahr daran gearbeitet hatten, diese Expedition zu organisieren, wirkte dieser Moment ziemlich unwirklich.«

Die Insel zu erreichen war das eine – tatsächlich auch an Land zu gelangen war jedoch noch einmal eine ganz andere Sache. Seit Kapitän Iwan

Witterungsbeständig. Der Blick auf die Kolonie aus der Perspektive der Pinguine zeigt die Elternteile, welche die Küken hüten, während ihre jeweiligen Partner fischen und hoffentlich mit gut gefülltem Kropf zurückkommen, um das Futter hochzuwürgen. Jeder Pinguin, der Nestdienst hat, steht mit dem Rücken zum Wind, sodass er mit einer Schneeschicht überzogen wird, wenn ein Sturm tobt. Da weit und breit keine Landmasse die Winde abfangen kann, fegt ein Sturm nach dem anderen über die Insel. Nur jeden vierten Tag war das Wetter gut genug zum Filmen.

Sawadowski die Insel am Weihnachtstag des Jahres 1819 entdeckt hatte, waren nur wenige weitere Besucher zu der grauen Masse aus Vulkangestein gekommen, die 350 Kilometer südöstlich der Inselgruppe Südgeorgien eine der Südlichen Sandwichinseln bildet. Nicht nur das BBC-Team selbt musste sicher an Land kommen, sondern auch die Filmausrüstung und die Vorräte.

Jérôme ist der einzige Mensch auf der Welt, der die Insel gut kennt, und er wusste, dass es eine mögliche Landestelle gibt: eine wellenumspülte Felswand. Bei ruhiger See wurde beschlossen, das Landungsunternehmen anzugehen. Jedem war klar, dass die Expedition abgebrochen werden musste, falls jemand ausrutschte und stürzte. Es dauerte einen ganzen Tag, die Ausrüstung auf die Insel zu bringen, wobei ein System aus Seilrollen und Flaschenzügen zum Einsatz kam. Die Anwesenheit der vielen Pinguine machte diese Aktion nicht leichter. »Am schwierigsten war es für uns, einen Weg zwischen den Pinguinen hindurch zu finden, sie waren praktisch überall«, erzählte Kameramann Max Hug Williams.

▲ **Mutterschiff.** Die *Golden Fleece* ist vor Zavodovski Island vor Anker gegangen, und Jérôme (rechts) und Teammitglied Yoann Gourdet begutachten einen möglichen Landebereich für das Schlauchboot.

▶ **Der einzige Zugang.** An einem relativ ruhigen Tag schleppt das Team vom einzig möglichen Landeplatz aus Vorräte und Filmausrüstung die Vulkanfelsen hinauf, bis sie das Plateau erreichen, ohne die nistenden Pinguine zu stören.

▲ **Sonnige Aussichten.** Vor dem Hintergrund des rauchenden Vulkangipfels genießen die Pinguineltern beim Nestdienst zusammen mit ihren Küken einen der seltenen sonnigen Tage. Man erkennt, dass ihre Nester gerade so viel Abstand voneinander haben, dass sie sich weder gegenseitig picken noch mit ihren Exkrementen bespritzen können.

◄ **Der weite Blick hinab.** Die beiden Kameramänner Max Hug Williams und Pete McCowen filmen die Pinguine, die bei dem Versuch, auf den Uferklippen zu landen, gewaltige Wellen überwinden müssen. Ein paar neugierige Goldschopfpinguine beobachten die Dreharbeiten.

Es gelang dem Team schließlich, ein Lager an einer relativ pinguinfreien Stelle aufzubauen. Aber selbst dorthin eilten viele neugierige Pinguine, um die Eindringlinge zu begutachten. Da diese Pinguine noch nie zuvor Menschen gesehen hatten, zeigten sie keinerlei Scheu.

Schließlich begannen die Dreharbeiten. Max Hug Williams war von dem, was er sah, überwältigt: »Sobald man über den Kamm geht und die Kolonie der Zügelpinguine sieht, verspürt man ein Kribbeln. Ich hatte noch nie so viele Tiere an einem Ort gesehen. Dies muss der fotogenste Ort auf der ganzen Welt sein – wirklich umwerfend. Nun mussten wir ihm gerecht werden.« Der andere Kameramann des Teams, Pete McCowen, verglich den Anblick mit dem eines riesigen Festivals mit Pinguinen anstelle von Menschen, und zwar mehr als 1,3 Millionen.

Alles lief gut, bis eine plötzliche Wetteränderung Schnee, starken Wind und kräftige Brandung mit sich brachte. Die Filmarbeiten mussten unterbrochen werden.

Als das Unwetter endlich aufhörte und es wieder etwas wärmer wurde, zeigte sich ein neues Problem. Das Schmelzen des gefallenen Schnees machte klar, warum der Lagerplatz des Filmteams frei von nistenden Pinguinen war: Er lag genau auf dem Weg des Schmelzwassers, das obendrein mit Pinguinexkrementen vermischt war.

Jeder Tag brachte neue Herausforderungen mit sich. Ein noch schwereres Unwetter zwang das Team zwei Tage lang in die Sicherheit der Zelte. Dort war es für die Menschen zwar relativ warm und bequem, die Pinguine hatten aber keine andere Wahl, als selbst bei Sturm Fisch für ihre hungrigen Jungen zu fangen. Es war ein herzzerreißenden Schauspiel, als die Pinguine in den heftigen Wellen um ihr Überleben kämpften.

»Der Strand war ein Schauplatz von Tod und Zerstörung, es war das reinste Massensterben«, erinnert sich Produzentin Elizabeth White. »Die Pinguine versuchten mit aller Kraft, die Klippen zu überwinden, waren voller Blut, und viele hatten gebrochene Beine.« Kameramann Pete McCowen hielt Szenen von Pinguinen fest, die gegen großee Felsbrocken schlugen und auf den gewaltigen Wellen 15 Meter hoch in die Luft geschleudert wurden.

Mit einer so gewaltigen Sequenz im Gepäck war das Team bereit, die Heimreise anzutreten. Es sah sich nun aber seinem größten Problem gegenüber: Von dem Unwetter war heftiger Wellengang zurückgeblieben, sodass es schwierig war, das Schlauchboot zu Wasser zu lassen, um die Crewmitglieder einzusammeln. Da sie aber nur noch Lebensmittel und Wasser für wenige Tage hatten und der Wetterbericht ein noch schlimmeres Unwetter mit noch stärkerem Wellengang vorhersagte, hatten sie keine Wahl. Sie mussten die Insel verlassen, bevor sich das kurze Zeitfenster für diese Gelegenheit schloss. Unter Einsatz all seiner Erfahrung steuerte Jérôme daher das robuste Schlauchboot nah ans Ufer, wobei er bei seinen Manövern die riesigen Wellen berücksichtigte. Nun begann die schwierige Aufgabe, bei sogar noch zunehmendem Wellengang die gesamte Ausrüstung mit Seilen an Bord zu nehmen, gefolgt von dem Team selbst.

Nach zwei Stunden waren alle dank Jérômes außergewöhnlicher Fähigkeiten wohlbehalten zurück auf der *Golden Fleece*, und eines der unglaublichsten Inselschauspiele war sicher im Kasten.

► **Einfaches Basislager.** Eine der wenigen pinguinfreien Stellen wurde zwar noch von der Gischt der Brandung erreicht, war aber vor den starken Winden geschützt, welche die Zelte zerfetzt hätten. Als es regnete und der Schnee schmolz, wurde schnell klar, warum die Pinguine hier nicht nisteten. Das mit Pinguinexkrementen vermischte abfließende Wasser verwandelte den Platz in eine Jauchegrube.

Die Apokalypse der Saigas

Naturfilmer sind daran gewöhnt, mit unerwarteten Ereignissen umzugehen. Gar nicht so selten müssen Dreharbeiten aufgrund von Transportproblemen, schlechtem Wetter oder politischer Instabilität abgebrochen oder verkürzt werden. Als Produzent Chadden Hunter jedoch begann, auf den Steppen Kasachstans riesige Herden von Saigas zu filmen, hätte er sich niemals vorstellen können, was dort geschehen würde.

Wissenschaftler haben längst erkannt, dass Saigapopulationen einen dramatischen Zyklus durchlaufen. Spektakuläre Populationsexplosionen wechseln sich mit drastischen Rückgängen ab. Seit der Auflösung der Sowjetunion haben die Nachfrage nach Saigahörnern in China und nach ihrem

▲ **Das Saigacamp.** Das Filmteam und die Wissenschaftler essen zu Abend, nachdem sie ihr Basislager nur einige Kilometer von dem Ort aufgeschlagen haben, an dem die Saigas kalben. Der alte Militärlaster diente nicht nur als Transportmittel zum Absuchen der Steppe nach Saigas, sondern auch als Küche und Filmbüro.

Fleisch in Russland sowie Wilderei, deren Verfolgung nur auf dem Papier steht, zu einem Rückgang der Saigabestände um 95 Prozent geführt. Es gab normalerweise einige Millionen dieser ungewöhnlichen Tiere im flachen Grasland Zentralasiens, im Jahr 2000 waren aber nur noch rund 26 000 in freier Wildbahn übrig geblieben. Diese teilte sich in drei Populationen auf: eine in Kasachstan, eine weitere in Russland und der winzige Bestand einer eigenen Unterart in der Mongolei.

Die Saigas hatten sich jedoch nicht unterkriegen lassen, und die Gesamtpopulation war zumindest wieder auf 200 000 bis 300 000 Tiere angestiegen, die hauptsächlich in Kasachstan lebten. Zu der Zeit, als Chadden und das Team mit kasachischen und deutschen Wissenschaftlern ankam, gingen sie also davon aus, eine große Anzahl von Tieren vorzufinden. Das Team wollte das jährliche Kalben filmen. Innerhalb eines extrem engen Zeitfensters im Frühling bekamen alle trächtigen Weibchen der Herde ihre Jungen; das Prinzip des Eingebettetseins in die Masse erhöht die statistische Sicherheit jedes einzelnen Kalbes.

Chadden wurde von Martyn Colbeck begleitet, der als einer der fähigsten und erfahrendsten Naturfilmer gilt. Er kennt die Saigas besser als irgendjemand sonst, denn er hatte sie erstmals im Jahr 1989 für die bahnbrechende Serie *Spiele des Lebens* gefilmt und dann wieder 1991 für *Realms of the Russian Bear*. Im Jahr 2005 wollte er sie für den ersten Teil von *Planet Erde* wieder filmen, damals war die Saigapopulation jedoch auf einem Tiefpunkt, ihre Zukunft schien unsicher. Als Chadden ihn daher etwa ein Jahrzehnt später bat, die Saigas für die Serie zu filmen, ergriff Martyn diese Gelegenheit sofort. Allerdings ist die weite, offene Landschaft Kasachstans durchaus kein einfacher Arbeitsplatz.

Die erste Aufgabe des Teams bestand darin, die Herde der Weibchen zu suchen und herauszufinden, wo sie kalben würden. Dies war überhaupt nur möglich, weil Wissenschaftler einige Saigas mit Senderhalsbändern ausgestattet hatten.

Nach der Geburt lassen die Saigaweibchen ihre – stets zwei – Kälber ein oder zwei Tage im Gras versteckt zurück, bis sie kräftig genug sind, um zu laufen. Um die Kälber zu filmen, ohne die scheuen Tiere zu stören, ging das Team um drei Uhr morgens in die Steppe und grub ein Loch für Martyn und seine Ausrüstung, worin er den Tag verbringen musste. Aber noch bevor er mit dem Filmen begann, spürte Martyn, dass irgendetwas nicht stimmte.

»Auf dem Weg zu dem Gebiet, wo die Saigas kalben würden, sahen wir gelegentlich einen Saigakadaver in der Ferne. Wir gingen davon aus, dass das jeweilige Tier an Altersschwäche oder einer Krankheit verendet war. Als der Tag jedoch voranschritt, sahen wir immer mehr Kadaver, und unser wissenschaftlicher Experte machte allmählich einen besorgten Eindruck. Ich versuchte, mich zu erinnern, ob ich bei meinen früheren Arbeiten Kadaver gesehen hatte, aber ich glaubte nicht, dass es so war. Am dritten Tag sahen wir bereits Hunderte von Kadavern.«

Martyn filmte, und ihm gelangen aus seinem Versteck in der Erde heraus wunderschöne, intime Aufnahmen der Mütter mit ihren saugenden Kälbern. Es war eine gelungene Sequenz, aber ringsherum verendeten die Tiere. Martyn erinnert sich: »Tag für Tag nahm die Anzahl der Kadaver zu. Wirklich merkwürdig war, dass es kaum äußere Anzeichen dafür gab, dass diese Tiere krank waren. Die Kadaver zeigten Hinweise auf Durchfall und etwas

▶ **Martyns Versteck.** Kameramann Martyn Colbeck wird nach 15 Stunden in gebückter Haltung aus diesem kleinen, heißen Versteck erlöst. Der erste Drehtag war für ihn gut gelaufen, er hatte Kälber filmen können, die frühmorgens gesäugt wurden. Hinter dem Versteck liegen aber bereits die ersten verendeten Weibchen.

Nasenbluten, davon abgesehen wirkten die Tiere gesund.« Als wäre dies alles nicht schon bedrückend genug, fegte bald darauf ein gewaltiges Unwetter über das Gebiet, und das Team musste sich ins Lager zurückziehen. Nachdem das Unwetter abgezogen war, ging einer der Wissenschaftler hinaus, um den Zustand der mit 100 000 Tieren größten bekannten Saigaherde der Welt zu überprüfen. Als er ins Lager zurückkam, sagte er nur: »Es ist vorbei. Sie sind alle tot.«

Als das Team am nächsten Tag in das Gebiet zurückkehrte, wo die Saigas gekalbt hatten, traute Chadden seinen Augen kaum. »Es war wie das Jüngste Gericht. Vor mir ausgebreitet lagen bis zum Horizont Zehntausende verendeter Saigas.«

Während seiner langen Laufbahn als Naturfilmer hatte Martyn so etwas noch nie gesehen. »Es war sehr traurig und verstörend, dies beobachten zu müssen. Besonders schlimm war es, weil die Steppe übersät war von verwaisten Kälbern, die auf der Suche nach ihren Müttern herumliefen und versuchten, an toten Weibchen zu saugen – es zerriss einem das Herz. In all den Jahren, in denen ich filmte, hatte ich noch nie etwas auch nur annähernd Vergleichbares erlebt. Es war völlig rätselhaft, was eine solche Pandemie ausgelöst haben konnte.«

Eine einzelne Begebenheit war für Martyn besonders schrecklich. »Der ergreifendste Moment für mich war, als ein verwaistes Kalb auf der Suche nach seiner Mutter direkt auf mein Versteck zulief und wenige Zentimeter vor mir blökend stehen blieb. Ich konnte ihm nicht helfen.«

Bald darauf erreichten besorgte Militärangehörige den Schauplatz. Sie hielten das Team für BBC-Nachrichtenjournalisten, die diese gewaltige Naturkatastrophe gefilmt hatten. Trotz der Erklärungen, man sei im Grunde nur an gesunden Tieren interessiert, verlangte das Militär den Abbruch der Dreharbeiten und die Aushändigung des wertvollen Filmmaterials. In aller Eile fertigte Chadden von Martyns Aufnahmen Kopien an – eine riskante Strategie, die das Material aber letztlich rettete.

Bevor das Team abreiste, wurde es noch Zeuge einer außergewöhnlichen Säuberungsaktion, bei der das Militär Zehntausende Tiere in große Gruben beförderte. »Es wirkte wie eine Szene aus Akte X«, erinnert sich Chadden. »Mit Baggern hoben sie riesige Massengräber aus, Gruppen von Männern in weißen Schutzanzügen zogen und schoben mithilfe von großen Kippladern die Saigas auf Haufen, die in die Gruben gekippt wurden. Am nächsten Morgen deutete nichts mehr darauf hin, dass hier jemals Saigas gewesen waren.«

◀ **Vor den Geburten ...** und dem großen Sterben. Einer der deutschen Wissenschaftler macht Aufnahmen von der grasenden Herde. Es war der erste Drehtag, und die normalerweise extrem nervösen Saigas waren langsam in Richtung des Camps gewandert und hatten es in nur 200 Meter Entfernung passiert. Die Erwartungen des Teams waren hoch.

◀ **Todesopfer.** Die erste tote Saiga, die gefunden wurde – ein Männchen. Seine leicht durchscheinenden, bei Wilderern so beliebten Hörner sind intakt, und man erkennt keinen Hinweis auf die Todesursache.

▶ **Mutterlos.** Ein hungriges Kalb nähert sich Martyns Versteck und dem Mikrofon in der Hoffnung, etwas zum Saugen zu finden – eine herzzerreißende Folge des Massensterbens unter den Muttertieren, das in der Nacht eingesetzt hatte.

Als das Team wieder zu Hause war, erreichte mit ihm die Geschichte dieses außergewöhnlichen Ereignisses die westlichen Medien. Chadden schätzte, dass innerhalb von nur einer Woche mindestens 200 000 Tiere und damit 70 Prozent der weltweiten Saiga-Population verendet waren, wodurch diese einmalige und ohnehin bereits gefährdete Spezies vom Aussterben bedroht war.

Eine mögliche Erklärung lautete, dass das feuchtwarme Frühlingswetter, welches auch das Graswachstum anregte, ein normalerweise harmloses Bakterium, das Saigas in sich tragen, in ein tödliches verwandelt hatte. Allerdings waren zwei eigenständige Subpopulationen viele Kilometer entfernt gleichzeitig von dem Massensterben betroffen, was eher auf einen anderen Auslöser als eine Infektion hindeutet.

Trotz des verheerenden Ereignisses war Chadden vorsichtig optimistisch, was die Zukunft der Saigas betrifft: teils aufgrund der Lebensweise der Art, die sich in der Vergangenheit von ähnlichen, wenn auch vielleicht kleineren Massensterben wieder erholt hat, und teils wegen der Bemühungen der Behörden in Kasachstan, die verbliebenen Saigas jetzt energischer vor Wilderei zu schützen. Martyn meint dazu: »Saigapopulationen unterlagen in den letzten Jahren immer wieder starken Schwankungen, und die Art hat eindeutig die Fähigkeit, sich schnell wieder zu erholen, da die Weibchen mit weniger als einem Jahr geschlechtsreif werden und die meisten von ihnen Zwillinge zur Welt bringen. Daher bin ich optimistisch, dass die Saigas sich auch dieses Mal wieder erholen und weiterhin über die Steppen Zentralasiens ziehen werden.«

Das Filmen der Flussdelfine

Eine der außergewöhnlichsten Geschichten, auf die das Team stieß, das die Dschungelepisode drehte, war die Entdeckung einer neuen Säugetierart in einem entlegenen Gebiet des Amazonasurwalds. Neue Insektenarten und andere kleine Tiere werden in Tropenwäldern regelmäßig gefunden, aber ein neu entdecktes größeres Säugetier schien eine Gelegenheit zu bieten, die Vielfalt und die Überraschungen zu illustrieren, die den Regenwald so besonders machen.

Produzentin Emma Napper und Kameramann Tom Crowley wagten sich in einen überschwemmten Wald im Herzen des Amazonasbeckens, einen Ort, an dem das Filmen recht kompliziert ist. Ziel war es, Aufnahmen des Araguaia-Delfins zu bekommen, eine Spezies, die der Wissenschaft erst seit dem Jahr 2014 bekannt ist. Schon bald war klar, dass dies nicht einfach sein würde. Diese Flussdelfine sind scheu und verbringen die meiste Zeit unter Wasser, sie tauchen nur für ein paar Augenblicke auf und verschwinden dann wieder im Dunkeln. Sie leben zudem nicht in offenem Wasser, sondern schwimmen zwischen den Bäumen in der Tiefe des überschwemmten Waldes – die Erfolgsaussichten waren gering.

▲ **Unterwegs im überschwemmten Wald.** Mit der Kamera an einem am Kanu befestigten Auslegerarm hält das Forscherteam Ausschau nach dem scheuen Araguaia-Delfin.

Das erste Problem war, die Delfine überhaupt zu finden. Die Wissenschaftler, die in diesem Gebiet Fischotter erforschten, hatten auf ihrem Weg durch den überfluteten Wald Delfine gesehen. Sie sahen sie jedoch nicht täglich. Tom erinnert sich: »Jeder sagte: ›Gestern waren sie noch da!‹ Aber egal, wohin wir gingen, wir bekamen keine Delfine zu sehen.« Schließlich sicherten sie sich die Hilfe eines örtlichen Führers. Juarez Sena Feitoza vom Instituto Araguaia zeigte ein bemerkenswert gutes Verständnis für das Verhalten der Tiere. Emma betont: »Man muss sich immer Hilfe von Leuten holen, die von Kindesbeinen an vor Ort leben. Sie wissen am ehesten, wo und wann die Tiere zu finden sind.«

Nach mehreren Tagen konnten sie erstmals Delfine zwischen den Bäumen ausmachen. Es war jedoch so gut wie unmöglich, sie zu filmen. Das Wasser des Araguaia ist extrem trüb, daher schienen Unterwasserkameras sinnlos. Im Fluss gab es zudem sehr große Welse, die von der Wasseroberfläche aus Delfinen recht ähnlich sahen. Außerdem musste von einem instabilen Kanu aus gefilmt werden. Dem Team wurde schnell klar, dass es gute Gründe dafür gab, warum über diese Tiere so wenig bekannt war: »Sie sind wie Gespenster. Die einzige Möglichkeit, einen Delfin zu entdecken, war, auf kleinste Anzeichen im Wasser zu achten und dann zu hoffen, ein paar Sekunden, bevor ein Delfin auftauchte, um Luft zu schnappen, die Kamera auf den richtigen Fleck gerichtet zu haben.« Tom ergänzt: »Das Problem ist, dass man erst weiß, dass sie da sind, wenn man sie hört. Oft ist es aber so, dass man sie in dem Moment, wo man sie hört, bereits verpasst hat, weil sie schon wieder abgetaucht sind.«

Der Wald dort wird zurecht als Regenwald bezeichnet und ist nicht ohne Grund überflutet. Das Team musste ein gewaltiges Unwetter über sich ergehen lassen, das aus dem Nichts ausgetaucht war. Bei einer anderen Gelegenheit folgte auf sintflutartigen Regen heftiger Hagel auf ihr ungeschütztes Kanu – es war der erste Hagel, den die Einheimischen je erlebt hatten. Tom erinnert sich an das Ende des Unwetters: »Durch den Regenschleier schien eine schöne orangefarbene Sonne – es war ein einmaliger Moment. Aber die Kamera war natürlich sicher verpackt.«

Trotz der Frustrationen kamen sie den Delfinen allmählich auf die Schliche. Um ihnen jedoch kameratechnisch zuverlässig folgen zu können, musste das Team eine spezielle Haltevorrichtung aufbauen, nämlich ein gyroskopisch gelagertes Stativ, das auf dem instabilen Kanu verwendet werden konnte und mit dem man auch mit einem Zoomobjektiv mit langer Brennweite arbeiten konnten. Außerdem kam eine Kameradrohne zur Anwendung, und dabei wurde etwas Neues entdeckt. Die Delfine waren weder Einzelgänger, noch lebten sie in Paaren zusammen, wie man angenommen hatte. Sie leben in lockeren Schulen mit mehreren Tieren. »Von der Drohne aus konnte man die Formen der Delfine unter der Wasseroberfläche erkennen. Plötzlich sahen wir, dass nicht ein oder zwei Tiere neben dem Boot

waren, sondern sieben oder acht. Aus der Vogelperspektive war zu erkennen, dass sie das Boot umrundeten, wovon man an der Oberfläche nicht das Geringste mitbekam.« Tom wäre gerne ins Wasser gegangen, um Unterwasseraufnahmen zu machen, aber aufgrund der Anwesenheit von Kaimanen, Stachelrochen und großen Fischen, die einem mit einem Biss ein Bein ausreißen können, war das keine Option. Das Team zog stattdessen eine kleine Kamera hinter dem Boot her, aber die Sichtweite von weniger als einem Meter ließ nur wenige brauchbare Aufnahmen entstehen.

So schwer die Delfine zu finden waren, so sehr wimmelte es von anderen, weniger willkommenen Tieren. Das Team wohnte auf einer Landzunge in einem kleinen Pfahlbau. »Innen hielten sich zusammen mit uns alle möglichen Tiere auf, die es trocken haben wollten: Spinnen, Skorpione und große Ratten. In der Hütte kroch und krabbelte es überall.«

Am Ende der Dreharbeiten hatte das Team schließlich das fast Unmögliche erreicht. Es hatte eine Sequenz im Kasten, die ein Tier zeigt, das für die Wissenschaft noch immer neu ist und das bis zu diesem Zeitpunkt nur wenige Menschen zu Gesicht bekommen hatten. Emma resümiert: »Es war definitiv mein bisher am schwierigsten zu filmendes Tier. Die ganze Zeit über wussten wir, dass Zeitaufwand und Mühe vergeblich wären, wenn wir nicht genügend Aufnahmen für eine ganze Sequenz zusammenbekommen würden. Deshalb bin ich wirklich stolz auf das, was wir erreicht haben.«

▲ **Totale auf dem Wasserweg.** Während Produzentin Emma Napper den Auslegerarm bedient, überwacht Tom Crowley Szene und Blickwinkel und stellt die Kamera ein.

▶ **Endlich gesichtet.** Der Kopf eines Flussdelfins taucht für zwei Sekunden zum Atemholen auf. So nah war das Team auf dem Kanu bis dahin noch keinem Delfin gekommen.

◄ Nachtschicht für Knochenfresser. Eine Hyäne bleibt neben der Polizeistation in Harar kurz stehen, um zu schnüffeln und zu lauschen, bevor sie durch den schmalen Eingang zum Fleischmarkt weitergeht. Nachts, wenn keine Menschen mehr auf dem Markt sind, hallen Harars Gassen von den Geräuschen der Hyänen wider.

Hyänenstadt

Würde man Menschen fragen, welche Tiere um jeden Preis gemieden werden sollten, würden Hyänen wohl ziemlich weit oben auf der Liste der genannten Arten auftauchen. Als zweitgrößter Jäger auf dem afrikanischen Festland werden Tüpfelhyänen gefürchtet und verabscheut. Anders als Löwen gelten sie als bösartige, listige Opportunisten, die immer auf der Suche nach einer schnellen Mahlzeit sind. Als der Produzent Fredi Devas daher von der äthiopischen Stadt Harar hörte, wurde er neugierig: Anstatt die Hyänen von der Stadt fernzuhalten, heißen die Bewohnern von Harar sie willkommen und füttern sie sogar.

Das Füttern der Hyänen hat in Harar seit mindestens fünf Generationen Tradition. Anscheinend wurde den Vorfahren der Menschen, die heute die Hyänen füttern, klar, dass es von Vorteil ist, eine »Müllabfuhr« in der Stadt zu haben, die Knochenreste beseitigt. In Kriegszeiten hat man ihnen vielleicht sogar die Leichen der Angreifer überlassen, bevor diese verwesten und Krankheiten verbreiteten.

Das Filmen in einer Stadt bringt besondere Schwierigkeiten mit sich. Für die Sicherheit des Teams muss gesorgt sein, und den gefilmten Menschen und Tieren dürfen aufgrund der Dreharbeiten keine Nachteile entstehen. Die eigentlichen Dreharbeiten waren in Harar recht kompliziert. Die Straßen und Gassen sind steil, voller Menschen und durch gewundene Steintreppen miteinander verbunden. Der Naturfilmer John Aitchison erinnert sich: »Das erste Mal in meinem Leben hatte ich das unheimliche Gefühl, dass mir in der Dunkelheit ein großes Tier folgte, und zwar auf so sanften Pfoten, dass ich seine Bewegungen nicht hören konnte. Dieses Gefühl müssen unsere Vorfahren gut gekannt und gefürchtet haben.«

Mit einer speziellen, extrem lichtempfindlichen Kamera machten sich Fredi, John und ihr Mittelsmann Mohammed jede Nacht auf den Weg, um kleine Gruppen von Hyänen zu suchen und zu filmen, die auf dem Fleischmarkt im Zentrum der Altstadt Knochen und Reste vertilgten. John, der Hyänen bereits in der afrikanischen Savanne gefilmt hatte, wurde vom Verhalten dieser normalerweise sehr argwöhnischen Tiere besonders überrascht. »In einer der ersten Nächte kniete ich in der Dunkelheit, als ich einen leichten Stoß gegen meine Hand spürte, mit der ich das Stativ hielt. Ich erwartete, einen Menschen zu sehen, stattdessen stand da eine Hyäne, die mir direkt in die Augen sah. Nach einer kurzen Pause ging sie um das Stativ herum zu ihrem üblichen Futterplatz.«

Wie häufig bei Dreharbeiten in einer Stadt, tauchten für das Team auch ganz unerwartete Probleme auf. Kommunalwahlen standen unmittelbar bevor, und als der Gouverneur hörte, dass ein BBC-Filmteam in Harar war, beschloss er, den Ort herausputzen zu lassen. Das bedeutete nicht nur, dass jede Nacht Handwerker auf dem Marktplatz zusammenkamen, um ihn einer

Schönheitsbehandlung zu unterziehen, sondern verursachte auch Kontinuitäts- und Anschlussprobleme, da dieselben Häuser im Hintergrund der Aufnahmen nun plötzlich anders gestrichen waren als noch in der Nacht zuvor.

Auch dem Kameramann Louis Labrom gelangen bemerkenswerte Szenen von Hyänen, die sich versammeln und gefüttert werden. Das war aber nur die halbe Geschichte, wie John erklärt: »Nach dem Fleischmarkt war es eine interessante Abwechslung, die Hyänen außerhalb der Stadtmauern zu filmen. In der Stadt herrscht zwischen den Hyänen Waffenstillstand, die Mitglieder der verschiedenen Clans begegnen sich friedlich und begrüßen sich teilweise sogar, aber außerhalb der Stadt sieht das anders aus.«

Das Team beobachtete eine Gruppe von Hyänen, die auf den Straßen außerhalb der Stadtmauer herumlungerten, wie eine Gang, die auf Ärger aus war. Im Lichtstreifen einer Laterne leuchtete ihr geflecktes Fell auf, dann verschwanden sie wieder im Schatten und drangen in das Revier eines anderen Clans ein. Hier kam wieder die extrem lichtempfindliche Kamera zum Einsatz, und John konnte beeindruckende Aufnahmen eines Revierkampfs machen, an dem über 100 Tiere beteiligt waren. Obwohl die Begegnung enorm aggressiv wirkte, hielten sich die Hyänen mit tasächlicher Gewaltanwendung weitgehend zurück.

Für Fredi kam der erstaunlichste Moment, als er in einer Nacht bereits mit dem Filmen fertig war. Er saß in der Küche von Yusef, einem »Hyänenmann« der fünften Generation. »Yusefs Schwiegertochter hockte auf der Treppe und stillte ihr Baby, das höchstens ein paar Monate alt war. Eine Hyäne kam zum Fressen in die Küche, dann ging sie wieder und schnüffelte im Vorbeigehen am Kopf des Babys. Die Mutter stillte das Baby einfach weiter.«

Auch John gewann neue Einblicke in das Verhältnis von Hyänen und Menschen. »In den Gassen und auf den Marktplätzen in Harar überschreiten die Hyänen die Grenze zwischen ihrer wilden und unserer städtischen Welt. Diese vertrauensvollen Tiere, denen im Gegenzug auch Vertrauen entgegengebracht wird, lassen mich hoffen, dass es auch an anderer Stelle möglich sein könnte, dass große Raubtiere und Menschen lernen, einander zu vertrauen.« Fredi stimmt zu: »Harar ist das außergewöhnlichste Beispiel einer Beziehung, in der sich Menschen und wilde Tiere mit gegenseitigem Respekt begegnen.«

▶ **Auf Augenhöhe.** John Aitchison ist auf dem Fleischmarkt, an dem sich die Buden der Metzger befinden, im Nachteinsatz. Er arbeitet mit einer extrem lichtempfindlichen Kamera auf Augenhöhe der Hyänen, um zu filmen, wie sie Knochen zermalmen. Wären noch Fleischreste an den Knochen, müssten sich die Hyänen mit den Dorfhunden herumschlagen.

▶ (nächste Seite) **Das erste Licht.** Tom Walker sucht am Rand des Ramon-Kraters in der Wüste Negev in Israel nach dem besten Platz, um Nubische Steinböcke zu filmen. Noch schlafen die Tiere am Rand einer Klippe, bald jedoch werden sie aufwachen und nach unten klettern, um an einer Wasserrinne zu trinken. Tom ist mit einem Stabilisierungssystem ausgerüstet, welches das Verwackeln der Kamera bei kräftigem Wind verhindert.

REGISTER

Kursive Seitenzahlen verweisen auf Abbildungen.

DANK

Dies ist das Buch zur Serie *Planet Earth II* der Naturkundeabteilung der BBC (in Koproduktion mit dem ZDF, das die Serie unter dem Titel *Eine Erde – viele Welten* ausstrahlt, Anm. d. Red.). Sie steht in einer langen Tradition erstklassiger Serien über Wildtiere, die nun von einer neuen Generation von Filmemachern weitergeführt wird. Dem gesamten Produktionsteam, insbesondere den Kamerateams und Redakteuren, gebührt großes Lob für dieses außergewöhnliche Fernseherlebnis. Mit mehr als 100 Filmreisen in alle Welt und beinahe einem Jahr Nachbearbeitung war die Realisierung eines Projekts dieser Größenordnung und mit diesem Anspruch ein monumentales Unterfangen, das nur dank des Sachverstands, der Großzügigkeit, der Hingabe und der Leidenschaft einer weltweiten Gemeinschaft von Mitarbeitern und Partnern möglich war. Das Team von *Planet Earth II* möchte seine aufrichtige Dankbarkeit auch den vielen Menschen gegenüber ausdrücken, die in den letzten dreieinhalb Jahren ihren Teil zu der Serie beigetragen haben.

Was das Buch betrifft, möchte der Autor dem Serienproduzenten Tom Hugh-Jones und besonders auch den sechs Produzenten danken, die sehr viel zu den Kapiteln ihres Themas und auch zum letzten Kapitel beigetragen haben, das über die Entstehung der Serie berichtet. Dies sind: Emma Napper (Dschungel), Justin Anderson (Gebirge), Ed Charles (Wüsten), Chadden Hunter (Graslandschaften), Elizabeth White (Inseln) und Fredi Devas (Städte). Vielen Dank auch an Matt Adam Williams für seine Hilfe beim Faktencheck in den einzelnen Kapiteln.

PRODUKTIONSTEAM
Justin Anderson
Jo Avery
Clare Bean
Vanessa Berlowitz
Charlotte Bostock
Emma Brennand
James Brickell
Victoria Bromley
Ed Charles
Billy Clarke
Maddie Close
Natalie Cross
Linda Dale
Samantha Davis
Fredi Devas
Stacey Emilou
Sandra Forbes
Cleone Fox
Nick Green
Mike Gunton
Joanna Haley
Hannah Hoare
Tom Hugh-Jones
Chadden Hunter
Jonny Keeling
Mandy Knight
William Lawson
Laura Meacham
Emma Napper
Toby Nowlan
Ruth Peacey
Danielle Sykes
Paul Thompson
Beth Till
Miraca Walker
Lexi Walling
Sarah Jane Walsh
Theo Webb
Elizabeth White
Evie Wright
Amy Young

KAMERATEAM
John Aitchison
Guy Alexander
Ryan Atkinson
Steve Axford
Luke Barnett
Brad Bestelink
Ralph Bower
Barrie Britton
John Brown
Bernt Bruns
Gordon Buchanan
Will Burrard-Lucas
Richard Burton
Martyn Colbeck
Robin Cox
Tom Crowley
Sophie Darlington
Simon de Glanville
Ewan Donnachie
Rob Drewett
Dawson Dunning
Justine Evans
Tom Fitz
Kevin Flay
Derek Frankowski
Robbie Garbutt
Susan Gibson
Jon Griffith
Nick Guy
Michael Haluwana
Dale Hancock
Graham Hatherley
Rob Hawthorn
Mike Holding
Jonathan Jones
Sandesh Kadur
Casey Kanode
Michael Kelem
Richard Kirby
Louis Labrom
Tim Laman
Pete McCowen
Lindsay McCrae
Alastair MacEwen
Mark MacEwen
David McKay
Jamie McPherson
Justin Maguire
Christian Muñoz Donoso
Christiaan Muñoz Salas
Duncan Parker
Mark Payne-Gill
Ann Prum
Philip Richardson
Michael Sanderson
Tim Shepherd
John Shier
Warwick Sloss
Alastair Smith
Mark Smith
Lianne Steenkamp
Will Steenkamp
Rolf Steinmann
Paul Stewart
Toby Strong
Mat Thompson
Gavin Thurston
Jacques-Olivier Travers
Richard Uren
Johan Vermeulen
Tom Walker
Simon Werry
Robert Whitworth
Darren Williams
Max Hug Williams
Mateo Willis
Miguel Willis
Nick Wolcott
Richard Wollocombe

ASSISTENZ VOR ORT
Angchuk
Tsetan Angchuk
Bernard Bailey
Zablon Beyene
Paul Brehem
Matt Brierley
Simon Byron
Chiring
Mauricio Copetti
Om Prakash Dave
Denis Delevaud
Fabio Di Segni
Rainer Dolch
Pastora Donoso
Tsering Dorje
Yohann Dubouloz
Sonam Dukis
Aaron Durogati
Sarah Edwards
Ramadan Fajaja
Pam Fogg
Tim Fogg
Chesley Ford
Hailu Gashaw
Alexandre Gaspari
Gayso
Bhuban Gogoi
Harold Greeney
Nawang Gyalsen
Dorjay Gyalson
Jostein Hellevik
Marc Holderied
Armin Holtze
Myra Hughey
Royston Jaafar
Nilakrisna James
Inga Jänecke
Jigmet
Alka Kalla
Wangchuk Kalon
Sumit Khutale
Danielle Klomp
Carmi Korine
Szilard Kovacs
Brian Kubicki
Oliver Laker
Devi Lal

Verantwortlich: Dr. Birgit Kneip
Producing, Redaktion und Korrektur: SAW Communications, Redaktionsbüro Dr. Sabine A. Werner, Mainz
Übersetzung: SAW Communications, Mainz: Christa Trautner-Suder
Satz: SAW Communications, Mainz, in Zusammenarbeit mit Anke Enders, Mainz
Umschlaggestaltung: Der UHLIG, Büro für Gestaltung, unter Verwendung des Designs der Originalausgabe von Two Associates und der Titelseite der BBC.
Herstellung: Bettina Schippel
Printed and bound in Italy by Printer Trento

Mix
Produktgruppe aus vorbildlich bewirtschafteten Wäldern und anderen kontrollierten Herkünften
www.fsc.org Zert.-Nr. CQ-COC-000012
© 1996 Forest Stewardship Council
FSC

Die Deutsche Nationalbibliothek verzeichnet diese Publikation in der Deutschen Nationalbibliografie; detaillierte bibliografische Daten sind im Internet über http://dnb.d-nb.de abrufbar.

ISBN 978-3-95416-233-8

Ailton A Lara
Charmaine Li-Jepson
Jack Lockwood
Basile Longchamps
Sebastian Loram
Jean Paul Magnan
Jose Montanez
James Moore
Morup
Nazir Mujawar
KC Namgyal,
Nima
Noobu
Norbu
Alejandro Nunez
Padma
Roberto Pepolas
Khenrab Phuntsog
Leopoldine Picardat
Jimmy Pincay
Manus Pitt
Zac Poulton
Shita Prativi
Dankumar Rai
Ramadan
Jon Rees
Rigzen
Bill Rudolph
Jungle Run
Milan Ruzic
Yusef Muuma Saleh
Edwin Scholes III
Ganesh Sehu
Goutam Sharma
Vijay Sharma
Bhanu Pratap Singh
Digpal Singh
Sher Singh
Nitye Sood
Stanzin
Vishal Survarna
Mark Terrell
Catrin Thomas
Krishna Tiwari
Smanla Tsering
Uchock Wanua
Chris Watson
Darren West
Ingrid Wiesel
David Willord
Matt Wilson
Steffen Zuther

NACHBEARBEITUNG

Films at 59
Miles Hall

MUSIK

Russell Emanuel
Bleeding Fingers
Catherine Grimes
Jasha Klebe
Natasha Pullin
Jacob Shea
Hans Zimmer

CUTTER

Nigel Buck
Nick Carline
Angela Maddick
Matt Meech
Dave Pearce
Steve Phillips
Jack Roberts
Gary Skipton

ONLINE EDITOR

Frank Ketterer

SYNCHRONCUTTER

Kate Hopkins
Tim Owens

SPRACHSYNCHRON-MISCHUNG

Graham Wild

KOLORIST

Adam Inglis
Chris Short

GRAFIKDESIGN

Coffee & TV

ZDF

Redaktion: Uta von Borries
Michael Leja
Redaktionsleiter Terra X: Georg Graffe

BBC AMERICA

BBC WORLDWIDE

Patricia Fearnley
Monica Hayes
Hayley Moore
Jo Sermon

BESONDERER DANK GEHT AN

101 Park Ave, NYC
Aboriginal Affairs & Northern Development Canada
Jose Vallejos Aguinaga
Andasibe-Mantadia National Park
Robyn Appleton
ARCAS Wildlife Rescue & Conservation Guatemala
Arizona-Sonora Desert Museum
Arviat HTO
Association Mitsinjo
Atlantic Cycles, NYC
Baker Lake HTO
Maciej Bartos
Marcus Baynes-Rock
Christine Bays
Ben Gurion University of the Negev
Lionel Bigthumb
Birdlife Townsville
Peter Blackwell
Stefano Boeri
Barbara Bolz
Bosco Verticale, Milan
Natasha Breed
Charlie & Beatrice Brown
Brown Hyena Project
Darren Browne
April Burt
Page & John Burt
Rhonda Calma
Cambridge Bay HTO
Canadian Wildlife Services
Filippo Caputo
Sebastian Castillo
Cat Conservation Trust
Centro de Reabilitação de Animais Silvestres, Brazil
Adrian Toh Yong Cheang
Adeline Chong
Christmas Island National Park
Geri Clever
Renato Comin
Cornell University
Cousine Island
Crater Lakes Rainforest Cottages
Andy Crawford
Lenin Cruz & the Pirata
Jigmet Dadul
Carla Daniel
Fyz Darby
Robin Darius Conz
Dr Indraneil Das
Maël Dewynter
Natalie Doerr
Serge Duclos
Ein Gedi Nature Reserve
Ekonomsko-trgovinska škola
Elephant Human Relations Aid
Environment Canada
Juarez Sena Feitoza
Marcelo A Flores M
Clifford & Dawn Frith
Galápagos National Park
Gardens by the Bay
Brad Gates
Laura Gatti
Kelli Gillard
Murray Gillespie
John Gitiri
Gjoa Haven HTO
Glacier National Park
Gobabeb Research & Training Centre
Daniel Aldo Gomez
Dr Rajesh Gopal
Byron Göpper
Ariella Gotlieb
Govt of Alberta: Tourism, Parks & Recreation
Govt of Assam: State Forest Dept; Office of the Principal Chief Conservator of Forests & Chief Wildlife Warden; Office of the Divisional Forest Officer
Govt of Botswana: Ministry of Environment, Wildlife & Tourism
Govt of Chile: Corporación Nacional Forestal
Govt of India: High Commission of India, Press & Information; Ministry of Environment & Forests (Wildlife Div.); Ministry of External Affairs (XFM Div.); National Tiger Conservation Authority
Govt of Indonesia
Govt of Israel: Nature & Parks Authority
Govt of Jammu & Kashmir: Wildlife Protection Dept
Govt of Malaysia
Govt of Namibia: Ministry of Environment & Tourism
Govt of New Zealand: Dept of Conservation; Dept of Forestry
Govt of Nunavut: Dept of Environment Impact Review Board
Govt of Peru: Servicio Nacional Forestal y de Fauna Silvestre; Servicio Nacional de Áreas Naturales Protegidas por el Estado
Govt, Sarawak State: Forestry Dept;
Tourism Board;
Govt of Seychelles:
Film Unit
Govt of South Georgia & the South Sandwich Islands
Grand Teton National Park
Marina Gray
Guango Lodge
Jemal Guerrero
Johannes Haasbroek
Rachel Harris
Jean Hartley
Quintin Hartung
Zeidan Hassan
Blair Hedges
Hemis National Park
Henk Haazen & the Tiama
Wally Hestermann
Hoedspruit Endangered Species Centre
Rupert Hogg
Marion Holmes
Julia Horrocks
Insituto Araguaia
Interchurch Centre, NYC
Jaguar Camp
Kaziranga National Park
Mr & Mrs Keeley
Jack Kiiru
Kikinda, Gimnazija Dušan Vasiljev
Kitikmeot Inuit Association
Kivalliq Inuit Association
Guillermo Knell
KSDA
La Selva Biological Station
Lisa Ladyhawke
Lalibela Game Reserve
Sam Lappage
Living Desert Snake Park
Graham Lock
Janice Lord
Bertrand Loyer
Maasai Mara National Reserve
Suzanne McDonald
Dion Maple
Pui Yong Min
P C Mishra
Annie Monard
Mossman Gorge
Mount Kenya
MTA Bridges, NYC
Christopher A Nadareski
NAMDEB
Tsewang Namgail
Namibrand Nature Reserve
Naturatins
Nature Seychelles
Navajo Nation Parks
Glenn Naylor
Adarsh NC
Shri H S Negi
Tony Nunnery
Nils Odendaal
David Okita
O'Reilly's Rainforest Retreat
Organization for Tropical Studies
Pacha Quindi Nature Refuge
John Paczkowski
Termas Papallacta
Tom Partello
Tara Pathak
Ange Peers
Jérôme Poncet & the Golden Fleece
Kelly Pote
Hasinbelo Rakoutouvaou
Rankin Inlet HTO
Hantanirina Rasamimanana
Reserva El Bagual
Reserva Las Brisas
Adi Shabrani bin Mohammad Ridzuan
Riverside Church, NYC
Ropeskills Rigging SDN BHD
Sagamartha National Park
Paul Sagar
Joe St Onge
Sama Jaya Nature Reserve
Cheryl Sanchez
Romer Isai Sanchez Aguinaga
Bob Sanderson
Sanjay Gandhi
National Park
Frederic Santoul
Barbara Saunders
Stefan Seifert
Doembie Seymour
The Shard, London
Lea & Morley Shayuk
Shoshone National Forest
Donna Simonetti
Toby Sinclair
Gustavo Smith
Snow Leopard Conservancy of India Trust
Spectacled Bear Conservation Society
Damien Stanioch
Andrew Steggall
Cassius V Stevani
Nancy Stotz
Jigmet Takpa
Jigmet Thakpa, IFS
Amanda Timmerman
Uatirohange Tjiuoro
Toucan Rescue Ranch
Daniel Trocola
Tswalu Kalahari Reserve
UniCredit building, Milan
United Nations FAO
University Malaysia Sarawak
Javier Vallejos Guerrero
Gus Van Dyk
Vadim Vivani
Bryson Voirin
Nina Voogt
Hans Waldenmaier
Whale Cove HTO
Yellowstone National Park

BILDNACHWEIS

1 Fredi Devas; 2–3 Denis–Huot/naturepl.com; 4–5 Sergey Gorshkov; 6–7 Tom Hugh-Jones; 8–9 Peter Mather; 10 BBC; 11 Ruth Peacey

1 DSCHUNGEL

12–13 Nick Garbutt; 14–15 Christian Ziegler; 16 Suzi Eszterhas/Minden Pictures/FLPA; 18 Stephen Dalton/naturepl.com; 19 Jean Paul Ferrero/Ardea; 20–21 Christian Ziegler; 22 Murray Cooper/Minden Pictures/FLPA; 23 fogdenphotos.com; 24 Jouan and Rius/naturepl.com; 25 Luiz Claudio Marigo/naturepl.com; 26 Flip de Nooyer/Minden Pictures/FLPA; 27 Emma Napper; 28–29 Kevin Schafer; 30 BBC; 31t Benaya Leles; 31m BBC; 31b Instituto Araguaia; 32–33 Nick Garbutt; 34–35 Luiz Claudio Marigo/naturepl.com; 36 Thomas Marent/Minden Pictures/FLPA; 37 Alex Hyde/naturepl.com; 38–39 Pete Oxford/Minden Pictures/FLPA; 40–43 BBC; 44 Tim Laman/naturepl.com; 45 Tim Laman/Nat GeoCreative/naturepl.com; 46–47 Dhritiman Mukherjee; 48–49 Nick Garbutt

2 GEBIRGE

50–51 Ben Hall/naturepl.com; 52–53 Nigel Pavitt/Getty; 54–55 Ben Cranke; 56–57 Jostein Hellevik; 58 Michio Hoshino/Minden Pictures/FLPA; 59 Photo Researchers/FLPA; 60–61 Jack Chapman/FLPA; 62–63 George Steinmetz/National Geographic Creative; 64–65 Justin Anderson; 66 BBC; 67 Cindy Goeddel; 68 Emma Brennand; 69 Cyril Ruoso/Biosphoto/FLPA; 71t Robyn Appleton/SBC-Peru; 71b BBC; 72–73 Enrique Lopez-Tapia/naturepl.com; 74–75 BBC; 76–77 cokesmithphototravel.com; 78–83 Dhritiman Mukherjee

3 WÜSTEN

84–85 Federico Veronesi; 86–87 Jack Dykinga/naturepl.com; 88–89 Michael Poliza; 90 Ed Charles; 91 Ingo Arndt/naturepl.com; 93–94t Ed Charles; 94b–5 BBC; 96–97 Theo Allofs/Minden Pictures/FLPA; 98–99 Ed Charles; 100–101 BBC; 102–103 Solvin Zankl; 104–105 Michael Poliza; 106–108 Ed Charles; 109t–111 BBC; 112–113 Wendy Dennis/FLPA; 114–115 Sergey Gorshkov; 116–119 Will and Lianne Steenkamp; 120–121 Steenkamp/BBC; 122–123 BBC

4 GRASLANDSCHAFTEN

124–125 John Walters/naturepl.com; 126–127 Michael Poliza; 129 BBC; 130 Sandesh Kadur/naturepl.com; 131 Dhritiman Mukherjee; 132–133 13Wim van den Heever/naturepl.com; 134–135 BBC; 136–140 Klaus Nigge; 141 Chadden Hunter; 142l Steve Downer/Ardea; 142r–143l Stephen Dalton/naturepl.com; 143r Brais Seara Fernandez/Ardea; 144–145 JL Klein and ML Hubert/naturepl.com; 146–151 Chadden Hunter; 152–153 BBC; 154–155 Federico Veronesi; 156–157 BBC; 158–159 Ingo Arndt/Minden Pictures/FLPA; 160 Gael Le Roch/Biosphoto/FLPA; 161 Ben Cranke; 162 BBC; 163 Chadden Hunter; 164–167 Sergey Gorshkov

5 INSELN

168–169 Elizabeth White; 170–171 Craig Turner/Lighthawk; 173 Bryson Voirin; 174 BBC; 177 Isak Pretorius; 178–179 Emma Brennand; 180–181 Andrey Gudkov; 182–183 Maël Dewynter/Fondation Biotope pour la Biodiversité; 184l Thorsten Negro/Imagebroker/FLPA; 184r Nicolas Cegalerba/Biosphoto/FLPA; 185l Konrad Wothe/naturepl.com; 185r Nick Garbutt; 187 Ben Cranke; 188–189 Andy Rouse/naturepl.com; 190 Emma Brennand; 192 Tui De Roy/Roving Tortoise Photos; 193 Mark MacEwen/naturepl.com; 195 Elizabeth White; 196–197 Ragnar Th. Sigurðsson/arctic-images.com; 199–201 Tui De Roy/Roving Tortoise Photos; 202–203b BBC; 204–206 Stephen Belcher; 207 BBC; 208–209 Elizabeth White; 210–211 Maria Stenzel

6 STÄDTE

212–213 Steve Winter/National Geographic; 214–215 Tom Hugh-Jones; 217–221 Fredi Devas; 222 Paul Thompson; 223–225 Fredi Devas; 226 Florian Moellers; 227 Ingo Bartussek; 228–233 Fredi Devas; 234 Tim Laman/naturepl.com; 236–237 BBC; 239 Paul Thompson; 240–241b BBC; 242–243 Fredi Devas; 244–245 Jim Richardson/National Geographic Creative; 246 Jim Richardson/Getty; 247 BBC; 248–251 Steve Winter/National Geographic; 252–255 BBC

7 GESCHICHTEN

256–257 Darren West; 258–259 Paul Thompson; 260–261 Bryson Voirin; 262 Fredi Devas; 263–265 Paul Thompson; 266–267 Emma Brennand; 268–269 BBC; 270 Justin Anderson; 271 BBC; 272–273 Dhritiman Mukherjee; 274–277 Ed Charles; 278–285 Elizabeth White; 286–292 Chadden Hunter; 293 Martyn Colbeck; 294–297 Jean-Paul Magnan; 298–301 Fredi Devas; 302–303 Emma Brennand